VON WAGEMUT, IRRTUM UND VERBLENDUNG

Franziska Augstein

VON WAGEMUT, IRRTUM UND VERBLENDUNG

Einblicke in politökonomische Schlamassel

Die Texte in diesem Buch wurden alle zwischen 2017 und 2020 in der *Süddeutschen Zeitung* veröffentlicht.

Sämtliche Angaben in diesem Werk erfolgen trotz sorgfältiger Bearbeitung ohne Gewähr. Eine Haftung der Autoren bzw. Herausgeber und des Verlages ist ausgeschlossen.

1. Auflage
© 2021 Benevento Verlag bei Benevento Publishing München – Salzburg, eine Marke der Red Bull Media House GmbH, Wals bei Salzburg

Medieninhaber, Verleger und Herausgeber:
Red Bull Media House GmbH
Oberst-Lepperdinger-Straße 11–15
5071 Wals bei Salzburg, Österreich

Satz: MEDIA DESIGN: RIZNER.AT
Gesetzt aus der Palatino, Futura
Umschlaggestaltung: Benedikt Lechner
Umschlagmotiv: Franziska Augstein
Printed by Finidr, Czech Republic
ISBN 978-3-7109-0117-1

Inhalt

Guten Tag allerseits!
Ein Vorwort

Am 28. Januar 1986 ließ die NASA die Raumfähre »Challenger« aufsteigen. 73 Sekunden nach dem Start explodierte sie. Die Mannschaft starb. Das alles wurde auf Film aufgenommen. Wenige Wochen später machte eine prominente Diskothek am Leicester Square in London sich damit wichtig, unterlegt vom üblichen Tanz-Beat, die Explosion der Challenger zu zeigen. Das war widerwärtig, menschenverachtend, geschmacklos. Es war bloß möglich, weil damals einigermaßen friedliche Zeiten herrschten. Der Kalte Krieg war zwar noch nicht eingehegt, das Abrüstungsabkommen zwischen dem US-Präsidenten Ronald Reagan und dem Führer der Sowjetunion Michail Gorbatschow sollte erst einige Monate später abgeschlossen werden. Gleichwohl herrschte damals schon hoffnungsvolles Erwarten des Kommenden. Leider hat sich die Weltgeschichte den Hoffnungen nicht angepasst.

Am 11. September 2001 wurden das World Trade Center in New York und das Pentagon in Washington von islamistischen Terroristen attackiert. Die Vereinigten Staaten, hoch verstört, haben daraufhin, mithilfe aller Nato-Alliierten, einen Krieg in Afghanistan begonnen, den sie nicht gewinnen konnten. Dies schon deshalb nicht, weil Afghanistan nicht binnen einiger Jahre zur Demokratie umgemodelt werden kann. Man hat so getan, als handle es sich um ein Land, das nach Befreiung zur Demokratie nach westlichem Muster dürste; man hat in dem Land Präsidenten protegiert, die den USA genehm sind, die aber von etlichen Stämmen nicht akzeptiert werden. Afghanen wollen nicht von fremder Macht befehligt werden. Die vielen Attentate in Kabul und andernorts, die seit 2001 allerorten und mit frischer Intensität 2020 in Kabul explosiv einschüchternde Wirkung hatten: Sie zeigen vor allem, dass afghanische Kämpfer ihre Rechnungen untereinander ausmachen wollen, gegen westliche Soldaten, wobei auf die Landsleute keine Rücksicht genommen wird, die vieles gäben, um endlich in Ruhe ihr Leben zu leben.

2003 haben die USA, völkerrechtswidrig, den Diktator Saddam Hussein im Irak gestürzt. Seither ist Irak ein Land ohne rechte Staatlichkeit, damit angefangen, dass die Grundversorgung mit Elektrizität und Wasser nicht mehr gegeben ist. Der Nahe Osten ist auf Dauer destabilisiert. Iran – unter dem Ayatollah Khomeini – war den USA ein Gehilfe gegen Saddam Hussein, als Präsident George Bush sen. 1990 gegen die Invasion des kleinen Emirats Kuwait amerikanische Truppen einsetzte. Auch nach den Attentaten vom 11. September 2001 hat Iran den USA mit Information beigestanden. Iran, ein großes, stolzes Land, ist von Atommächten umzingelt; verständlich ist, dass man in Iran auch welche haben will. Ebenso klar ist: Das ist keine gute Idee. Das Abkommen von 2015, dem zufolge Iran keine Atomwaffen bauen wolle, wurde von dem US-Präsidenten Donald Trump gekündigt. Je mehr indes die USA Iran als Feind betrachten, desto inniger wächst der Patriotismus in Iran. Die Sanktionen der USA sehen vor, dass kaum ein Unternehmen mit Iran Handel treiben dürfe: Das Land leidet. Unbedarfte Großmachtallüren können mehr Aggressivität hervorbringen, als die Regierung eines dermaßen eingeschnürten Landes eigentlich in Absicht hat. (Zu den Auswirkungen der ideologischen Globalpolitik und der globalen Wirtschaft siehe das 5. Kapitel.)

Dies alles hat die Weltwirtschaft wenig beeindruckt. Wirklich hart kam es mit dem großen Crash, der 2007 in den Vereinigten Staaten begann und sich dann auf die gesamte Welt erstreckte. In den USA, das ist mittlerweile die Litanei der Ökonomen, hatten zu viele Leute, um Bonuszahlungen zu erhalten, zu viele Hauskredite an Menschen ausgegeben, die sich ein eigenes Haus gar nicht leisten konnten. Diese Kredite wurden gesammelt, zusammen mit anderen in Derivate verpackt, weiterverkauft – bis das ganze Gefüge in sich zusammenstürzte. Bei der Gelegenheit erwies sich, dass viele Banken über ihre Verhältnisse Kredite vergeben hatten. (Siehe dazu das 6. Kapitel.)

Kein Wunder ist es, dass die Finanzkrise mitsamt den Folgen der Globalisierung den Menschen Angst macht und sie sich auf das Eigene besinnen wollen. Der Brexit ist eine Folge davon (siehe das 3. Kapitel). Die EU-Mitglieder suchen die Europäische Kommission zu beeinflussen. Lobbys suchen die Nationalstaaten und die EU zu beeinflussen. Die EU-Kommission ist nicht von den Bürgern gewählt. Das Europäische Parlament hingegen schon. Allerdings fühlen sich viele Abgeordnete mehr ihren Ländern verpflichtet als dem großen europäischen Gemeinwesen. (Siehe dazu das 2. Kapitel.)

Die Bundesrepublik Deutschland unter Angela Merkel ist aus der Finanzkrise 2008 halbwegs gut rausgerutscht. Die Bundesregierung hat es vorgezogen, militärisches Engagement im Rahmen zu halten. Das war klug. Man muss nicht so tun, als ob man Weltmacht wäre, wenn man es mit echten Weltmächten zu tun hat. Der Staat hätte im Inneren aber durchaus mehr anpacken können. (Kapitel 1.)

Dass Chinesen »gelb« seien, ist eine Erfindung westlicher Denker, die im späten 18. Jahrhundert das Ziel hatten, Rassen und Völker zu beschreiben. Selbstverständlich hielten diese universal gebildeten Philosophen (Johann Friedrich Blumenbach zum Beispiel, er lebte von 1752 bis 1840) den »kaukasischen« Typus – die Europäer – für kulturell und intellektuell dominant. Sie wollten aber bloß klassifizieren. Sie wollten nicht damit Kolonisierung, Sklaverei und Kriegen Vorschub leisten. In jener Zeit also wurden die Chinesen »gelb«. Diese Formulierung wurde erst später weidlich ausgenutzt, mutierte zur »gelben Gefahr«. Im 19. Jahrhundert haben europäische Kolonialmächte – vor allem Großbritannien, später ein bisschen auch das Deutsche Reich – in China schlimm gewütet. Im 20. Jahrhundert fand das seinen Fortgang: 1900 fielen russische Truppen per Kavallerie in der Mandschurei ein. Später nahm das nun modern aufgerüstete Japan die Mandschurei ein. Leute im Westen finden China hochinteressant, weil man dort so viel Wert auf Tradition lege; dieselben Leute finden China ungemein angriffslustig. Was viele im Westen bei allem angeblichen Verständnis übersehen: In China hat man tatsächlich ein langes Gedächtnis. Die Führung der chinesischen Kommunistischen Partei fühlt sich in der Defensive und will die Scham der vergangenen 200 Jahre wettmachen. (Dazu das 4. Kapitel.)

Für den »Corona-Wiederaufbauplan« sowie ein Kurzarbeitsprogramm hat die EU 850 Milliarden Euro veranschlagt. Was »systemrelevant« ist, soll gerettet werden, wobei Lebensqualität nicht zu dem gehört, was die technokratisch denkenden Regierenden sich unter »System« vorstellen. Die Anti-Corona-Maßnahmen werden in Europa bewirken, dass kleine Läden eingehen, liebenswürdige Theaterchen und Kleinkunstbühnen aufgeben, freundliche Gaststätten und Hotels schließen, dass Kaufhausparadiese klassischen Stils untergehen, dass mit einem Wort die Innenstädte – und nicht nur sie – zügig von den charakterlosen Ketten der Konsumindustrie kaputtkolonisiert werden. Das ist traurig. Aber auf anderen Kontinenten sieht es viel schlimmer aus: Dort wird es Millionen Tote geben, weil die Ökonomie auf Eis gelegt wurde. (Siehe das 7. Kapitel.)

Dieses Buch enthält eine Auswahl der Kolumnen, die ich für das Wirtschaftsressort der *Süddeutschen Zeitung* in den vergangenen vier Jahren geschrieben habe. Sie sind dramaturgisch und stilistisch ein wenig überarbeitet. Mitunter habe ich entgeistert wahrgenommen, was sich in Europa und weltweit abspielt: politökonomische Schlamassel, die in den meisten Fällen aus Irrtümern, Dummheiten und Fehlurteilen resultieren. So viele Anlässe zur Sorge gibt es, in gesellschaftlicher, ökonomischer, weltpolitischer Hinsicht. So verstörend sind sie, dass vermutlich bloß drei Sorten Menschen sich zumuten können, sie in ihrem Alltagsleben nicht zu verdrängen: Optimisten, tatkräftig-engagierte Kritiker des Bestehenden und pessimistische Ironiker. Weil ich, liebe Leserinnen, liebe Leser, geopolitisch und langfristig denke, umfasst dieses Buch nicht Wohlfühl- oder Unwohlfühltexte, sondern Analysen. Mögen Sie daraus, wenn es Ihnen zusagt, klare und hoffentlich auch unterhaltsame Einblicke in die Mechanismen unseres Wirtschaftsgeschehens gewinnen.

1
Deutschland und Umgebung

Dass die langjährige Kanzlerin Angela Merkel Deutschland und die Europäische Union geprägt habe, kann man eigentlich nicht sagen. Sie selbst hält sich nicht für eine Löwin mit Flügeln, was sehr für sie spricht. Viele halten sie denn auch für eine gute Hausmeisterin, die das Land umsichtig durch die Wechselfälle der Jahre geführt habe. In ihrer Regierungszeit hat sie das Heil vor allem im Reagieren gesucht. Zu diesem Zweck ließ sie regelmäßig Meinungsumfragen anstellen und suchte ihre Politik danach auszurichten, was die Wähler sich wünschen. So kam es zu einigen überraschenden Kehrtwendungen: Hatte sie 2005 auf dem Leipziger Parteitag der CDU noch dem Neoliberalismus das Wort geredet, änderte sie diese Meinung, weil sie merkte, dass dergleichen selbst in ihrer eigenen Partei wenig gut ankam. Atomkraftwerke hielt sie für vernünftige Einrichtungen, bis 2011 das Unglück im japanischen Fukushima geschah und die Deutschen mehrheitlich meinten, dergleichen Teufelszeug (wie, beiläufig gesagt, der längst verstorbene SED-Chef Erich Honecker Atomraketen nannte) gehöre abgeschafft.

Als Angela Merkel 2015 die Grenzen für Flüchtlinge öffnen ließ, beging sie einen Fehler: Die Maßnahme war richtig, Deutschland musste Tausende Flüchtlinge aufnehmen. Alles andere wäre Verrat gewesen an Immanuel Kants Vorstellung von

Sittlichkeit und an der christlichen Vorstellung von Nächstenliebe. Aber Merkels Neigung, möglichst wenig zu reden, möglichst einfach-banal, um nichts falsch zu machen, brachte sie in die Bredouille. »Wir schaffen das«, hat sie damals gesagt. Das war leider zu kurz. Sie hätte Folgendes sagen können, das wäre besser gewesen: Wir befinden uns in einer Notlage, Tausende Menschen sitzen an Bahnhöfen herum, schlafen dort. Das sind für die Menschen unwürdige Zustände, und für uns ist es beschämend. Deutschland wird jetzt diese Menschen aufnehmen. Und für die Zukunft müssen wir uns überlegen, wie wir als Europäische Union und als Weltgemeinschaft eine Politik führen, die Menschen nicht dazu zwingt, ihre Heimat zu verlassen.

Angeblich sind alle Deutschen kollektiv in Angst vor einer Inflation und einer Wirtschaftskrise, wie ihre Großeltern oder Urgroßeltern sie Ende der 1920er-Jahre erlebten. Tatsächlich sind die Deutschen (Politiker inklusive) möglicherweise bloß der Auffassung, den EU-Ländern, die sie in den Ferien gern besuchen, weil es dort so schön ist, nicht auch noch Geld dafür zu geben, dass deren Bewohner es sich das ganze Jahr über unter der Sonne wohl sein ließen. Es ist noch nicht ganz begriffen, dass die Menschen im Süden zum Wohlstand der Länder im Norden eine Menge beitragen. Wer da gegen den Stachel löckt, wie zum Beispiel Spaniens Partei Unidas Podemos, wird als »populistisch« abgetan.

Die parlamentarische Demokratie steckt in einer Misere, weil immer mehr Wähler sich auf den »sozialen« Medien in die Blasen ihrer Selbstwahrnehmung zurückziehen. Sind Volksabstimmungen nun angesagt? Könnte die Einführung des allgemeinen Grundeinkommens helfen? Dem Gemeinwesen zuträglich wäre, wenn große deutsche Unternehmen wie zum Beispiel die Deutsche Bank sich künftig auf anständiges Geschäftsgebaren besännen.

Investieren!

Deutschland hat einen hohen Außenhandelsüberschuss. Das geht auf Kosten der EU-Nachbarn. Mittlerweile ist das auch bei deutschen Politikern angekommen: So geht es nicht weiter. Was tun? Die Bundesrepublik muss Geld ausgeben.

Einmal hat der englische Sozialphilosoph Herbert Spencer in seinen *Prinzipien der Ethik* von 1879 heftig geklagt: Wie oft sei es nicht schon vorgekommen, dass »falsch gebrauchte Wörter zu falschen Gedanken führen«! Auf diesem Irrweg ist Spencer freilich selbst gewandelt: Charles Darwins rein biologisch gemeinten Begriff von der »natürlichen Selektion« transponierte er in das Denken der Soziologie, was Darwins Formulierung von »survival of the fittest« eine neue Richtung gab. Darwin hatte von den am besten an die Umwelt angepassten Arten gesprochen; Spencer machte daraus die stärksten, zur Selbstbehauptung fähigen Menschen. Das sollte später den Faschisten nützlich sein, die vom »Kampf ums Dasein« schwadronierten.

Dessen ungeachtet: Spencers Satz hat sich in der Praxis als richtig erwiesen. Die meisten Leute denken, was das Vokabular ihnen suggeriert. Mit Blick auf die Außenhandelsbilanz ist das in Deutschland eklatant. Die deutsche Exportwirtschaft ist fit, sie behauptet sich beim Kampf ums Dasein auf den Weltmärkten. Die Bundesrepublik ist auch 2018 »Exportweltmeister« gewesen, das kommt fast so gut an, wie wenn die deutsche Fußballnationalmannschaft einmal wieder den Weltmeistertitel gewonnen hat. Ebenso gut funktioniert das Wort »Außenhandelsüberschuss«. Da freuen sich alle: Wir haben einen Überschuss, wir haben gewonnen. Alle freuen sich? Nicht ganz. Kritik daran kam bezeichnenderweise nicht im Inland auf. Der Internationale Währungsfonds (IWF), die Organisation für wirtschaftliche Zusammenarbeit und Entwicklung (OECD), auswärtige Wirtschaftspolitiker und Wirtschaftszeitungen rufen schon seit vielen Jahren die Bundesrepublik dazu auf, ihre Handelsüberschüsse wenigstens zum Teil abzubauen. Das haben viele falsch verstanden, weil sie Exporte mit Exportüberschüssen verwechseln. Die genauere Empfehlung lautet: Die Bundesregierung solle im Inland mehr investieren.

Mittlerweile und endlich sind hochrangige deutsche Wirtschaftsexperten auch dafür. Das würde einhergehen mit Importen, die bei großen Investitionen nötig sind, und so werde das Gleichgewicht der Außenhandelsbilanzen innerhalb der EU allmählich halbwegs ins Lot kommen. Das hat allerdings auch nicht alle überzeugt. Sie kontern: Das Geld, gut eingesetzt, würde die Wirtschaftskraft erhöhen und damit auch die deutschen Exporte.

Die gute deutsche Bilanz im Außenhandel ist schön. Doch sofern die Bundesrepublik Teil der EU und der Eurozone sein will, bringt es ihr gar nichts, wenn sie sich exponiert, als ob sie allein auf den Weltmärkten bestehen könnte. Nur die EU und die Eurozone werden bestehen, dafür braucht es – das Wort ist heutzutage verpönt – so etwas wie Solidarität. Die Deutschen mögen sich an der weltweiten Nachfrage nach ihren Gütern trunken berauschen, auf die Dauer aber werden sie die europäischen Nachbarn mit ihren Exporten – rein bildlich gesprochen – nicht unter den Tisch verkaufen können.

In Deutschland ist man gegen eine Transferunion und hält nichts davon, die Idee des innerdeutschen Lastenausgleichs auf europäische Länder zu übertragen. Denn einige Länder – die Pappenheimer sind bekannt für ihr sonniges Klima – würden das ja bloß als Einladung zur Verschwendung ansehen. Dieses pauschale Urteilen hat Deutschland den Ruf als »Schulmeister« eingetragen.

Der französische Baron de Montesquieu wurde berühmt, weil er Mitte des 18. Jahrhunderts als Erster die Gewaltenteilung vorschlug: Exekutive (die Regierung), Legislative (das Parlament) und Jurisdiktion (in Deutschland an höchster Stelle das Bundesverfassungsgericht) müssten unabhängig voneinander arbeiten. Darüber hinaus hat er die Völker der Welt nach ihren Eigenarten einsortiert. Klar war für ihn, grob referiert: Im Süden gehe alles schnell. Die Mädchen reiften schnell und würden schnell alt; im Süden gebe es keinen Sinn für ordentliche, zeitraubende Prozeduren; Absprache funktioniere besser in klimatisch gemäßigten Gefilden. Dort sei man, so meinte er, rationaler Planung eher zugeneigt. Die deutschen Exportfreunde denken kaum anders als Montesquieu. Das macht ihr Votum aber nicht besser.

Deutsche Unternehmen erzielen gute Profite. Die haben viele nicht in ihre Unternehmen reinvestiert, sondern auf den Aktien- und Finanzmärkten (dies bevorzugt im Ausland, obgleich sie mit deutschen Aktien besser gefahren wären, aber das ist ein anderes Thema). Deutschland muss mehr investieren. Und weil die Unternehmen das nicht tun, muss der Staat es machen. Es ist himmelschreiend nötig, dass die Deutsche Bahn wieder so gut wird, wie sie vor Jahrzehnten war. Und wer da denkt, die Privatisierung der Bahn sei das Gebot der Stunde, möge einen Blick auf Großbritannien werfen, wo genau das in die Hose ging. Die Firma Bosch ist aus der Entwicklung von weniger umweltschädlichen Autobatterien ausgestiegen. Gut war es, dass der Wirtschaftsminister Peter Altmaier daraufhin mit französischen Kollegen vereinbart hat, die diesbezügliche Forschung staatlich zu subventionieren.

Im August wurde Peter Altmaier vom *Spiegel* gefragt, warum die Bundesregierung nicht mehr investiere. Er antwortete, das habe man doch gemacht: »Das Geld fließt aber nur zögerlich ab, weil die Planungsbehörden unterbesetzt und die Unternehmen mit bürokratischen Regeln überlastet sind.« Das ist sehr komisch: Die Planungsbehörden sind unterbesetzt, weil der Staat an allem gespart hat. Und nun kann die Bundesrepublik – leider, leider – nicht mehr Geld für die Infrastruktur aufwenden?

Hier ein Vorschlag: Wie wäre es, wenn die Bundesregierung die Planungsbehörden so weit wieder aufforsten würde, dass da Leute sitzen, die sich auskennen und das vorhandene Geld abrufen können? Wenn die Unternehmen es schon nicht machen: Der Staat muss in der Bundesrepublik investieren!

25. Oktober 2019

Das P-Wort

Wer sagt, was Wähler hören wollen, ohne Rücksicht darauf, ob das anständig ist, ob es ökonomisch oder politisch umsetzbar ist, gilt seit einigen Jahren als Populist. Der Begriff ist zu allgemein, zu vage; er besagt im Grunde nichts.

Der 2013 an Krebs verstorbene venezolanische Präsident Hugo Chávez wurde viermal gewählt. Das wohl nicht, weil er ebenso gern endlos lange redete wie Fidel Castro. Auswärtige Beobachter bestätigten, bei den Auszählungen sei es jeweils mit rechten Dingen zugegangen. Chávez' Sozialismus-Gesülze dürfte seine Anhänger weniger beeindruckt haben als die Verstaatlichung der Ölindustrie. Die Gewinne ließ er nicht bloß seinen Kumpanen zukommen, sondern verbesserte damit auch die Lage der Armen im Land; die Wirtschaft indes reformierte er nicht, weshalb ihm vorgehalten wurde, er habe seine Wähler auf Kosten der Zukunft quasi gekauft. Auch der frühere bolivianische Präsident Evo Morales galt als Populist, weil er auf die Stimmen der Armen setzte, im Besonderen auf die der indigenen Bevölkerung. Auch er mochte sich von seinem Amt nicht trennen, was ihn – seine rechten Gegner waren ihm auf den Fersen – 2019 bewog, in Mexiko Asyl zu suchen.

Den Standpunkt der Linkspopulisten hat der amerikanische Politik- und Rechtswissenschaftler Stephen Holmes so zusammengefasst: Die bestehenden Formen »liberal-sozialer Demokratie« seien »zu schwach, als dass sie normale Leute vor den disruptiven Kräften des globalen Kapitalismus« bewahren könnten. Allerdings müssen Linkspopulisten erst wieder Fuß fassen auf der Weltbühne, bevor sie ihre Gegner vollumfänglich ärgern können.

Der Rechtspopulismus hingegen floriert allenthalben. Am bekanntesten dafür sind derzeit Brasilien und die USA sowie etliche Länder der Europäischen Union. Rechtspopulisten bestätigen bestehende Ressentiments und warnen, mit Holmes gesagt, »die repräsentative Demokratie und Politik im Sinn der Menschenrechte« seien nicht ausreichend, um »hart arbeitende, alteingesessene Familien vor den Bedrohungen von jenseits ihrer Landesgrenzen« zu schützen. Das klassische reaktionäre Repertoire von Ausländerfeindlichkeit und Rassismus wird ergänzt durch Frauenfeindlichkeit und Antisemitismus, Hass auf Muslime und Homosexuelle, Hass auf Minderheiten jeder Art.

Leute, die als Populisten bezeichnet werden, nennen sich selbst nicht so, vielmehr behaupten sie, den gesunden Menschenverstand und die Interessen einer »schweigenden Mehrheit« zu vertreten. In Deutschland haben viele dieser angeblich schweigenden Bürger mit der Verbreitung von Neonazi-Ideen, mit Morddrohungen gegen Lokalpolitiker, mit gewalttätigen Angriffen auf hilflose Passanten von sich reden gemacht: Wer so etwas tut, ist kriminell, ist rechtsradikal, und wer das anfeuert, ist auch rechtsradikal. Was solche Leute angeht, ist das Wort »Populist« eine Verharmlosung. Schon deshalb ist es verfehlt. Auch ist der Begriff viel zu schwammig: Wer in einem Entwicklungsland mit Kritik an der globalen Übermacht der Industriestaaten auf Stimmenfang geht, sollte nicht in einen Topf geworfen werden mit dem US-Präsidenten Trump, der die EU erpresst: Entweder ihr kauft mehr amerikanische Güter, macht keine Geschäfte mehr mit mir unliebsamen Ländern, respektive Unternehmen, oder ich werde euch mit Sanktionen belegen.

Warum das Wort »Populismus« vollends absurd ist, hat die Historikerin Ute Daniel auf den Punkt gebracht. Unlängst publizierte sie unter dem Titel *Postheroische Demokratiegeschichte* eine kurze Entzauberung der Entwicklung der britischen Demokratie. »Die Geschichte unserer Form der parlamentarischen Demokratie« werde in einem »infantilisierenden Modus der Verehrung« dargestellt, als ob es den Herrschenden bei der allmählichen Ausweitung des Wahlrechts in Britannien tatsächlich um die Partizipation des Volkes gegangen wäre.

Letztlich seien das Maßnahmen gewesen, mit denen die jeweils herrschende Partei ihre Macht zu bewahren trachtete: Das Wahlrecht wurde ausgeweitet in dem Maße, wie die Regierenden fürchten mussten, an Einfluss zu verlieren. In diesem Kontext bemerkt Ute Daniel in ihrem anregenden Buch: »Das populistischste aller jemals ersonnenen politischen Systeme ist die Demokratie. Für sie ist der Appell an die Bevölkerung und deren aktive Beteiligung konstitutiv.« Also: Demokratie ist populistisch, ist es ihrer Natur nach, gehe es um gesellschaftliche oder wirtschaftliche Fragen.

Um von Deutschland zu reden: Der Soziologe Wilhelm Heitmeyer hat vor ein paar Jahren konstatiert, eine »rohe Bürgerlichkeit« mache sich breit; die Bessergestellten seien unterwegs, einen »Klassenkampf von oben« anzuzetteln. Insoweit es den gibt, begann er spätestens Ende der 1990er-Jahre: Angesichts der hohen Arbeitslosigkeit machte damals die Theorie von der »Sockelarbeitslosigkeit« die Runde. Dieses Denken lief auf die Vorstellung hinaus, einen Teil der Bundesbürger aufzugeben, sie abzuschreiben und ihren Lebensunterhalt auf Staatskosten einzupreisen. 2012 trat in der EU der Fiskalpakt in Kraft. Wie der Ökonom Stephan Schulmeister 2018 in seinem luziden Buch *Der Weg zur Prosperität* dargelegt hat (von dem Werk wird im 6. Kapitel eingehend die Rede sein), sieht der EU-Fiskalpakt ein »strukturelles Defizit« vor. Daraus ergab sich, dass eine gewisse Quote von Arbeitslosen nicht als ökonomisch-gesellschaftliches Problem verbucht wurde, dem es abzuhelfen gelte, sondern lediglich als Belastung des Etats der betreffenden Staaten. (Da dieser Unsinn Europa angesichts von Covid-19 in eine Depression geführt hätte, wurde der Fiskalpakt bis 2021 ausgesetzt.)

Verständlich ist, wenn die Bürger derlei Denkweise nicht verstehen. Verständlich ist leider auch, dass darauf mit brachialen Slogans reagiert wird. Wer das »populistisch« nennt, hat nicht verstanden, was das Wort »Demokratie« bedeutet.

28. August 2020

Hühnersuppe für alle

Von den Deutschen sagen viele, die Inflation von 1923 habe sie dermaßen traumatisiert, dass sie bis heute auf Geldwertstabilität pochen. Das ist nicht plausibel. Waren es nicht vielmehr der Zweite Weltkrieg, die Währungsreform und das Wirtschaftswunder, die aus den Deutschen knauserige Europäer machten?

Sag mir, woher du kommst – und ich sage dir, wer du bist: Das galt früher. Die Idee vom Nationalcharakter, einst unentbehrlich für viele Geistesgrößen, Geostrategen und auch Massenmörder, war nach dem Zweiten Weltkrieg diskreditiert. In der Erklärung der Menschenrechte von 1948 wurde die Würde jedes Einzelnen, ungeachtet der Herkunft, für unantastbar erklärt. In Westdeutschland kamen Ostfriesenwitze und Schwabenwitze später zwar gut an. Aber alle Schwaben, die darüber lachten, wussten: Auch in Ostfriesland braucht man in Wirklichkeit nicht zwanzig Mann, um eine Glühbirne einzudrehen. Und die Ostfriesen wussten, dass Schwaben in einer Gletscherspalte sich über einen Rettungshelikopter freuen, anstatt nach oben zu rufen: »Mir gäbet nix!«

Gleichwohl scheint die Idee, dass Völker je eigene Charaktereigenschaften hätten, die Welt auf so bequeme Weise erklärbar zu machen, dass selbst die Wirtschaftswissenschaften davon bis heute nicht unbeleckt sind. Warum ließen »die Deutschen« ungern von der D-Mark, warum sind sie auf einen starken Euro erpicht und gegen Schuldenaufnahme, um die Konjunktur im Euro-Raum anzukurbeln? Die exzellenten Wirtschaftsexperten Markus Brunnermeier, Harold James und Jean-Pierre Landau geben in ihrem Buch *Euro. Der Kampf der Wirtschaftskulturen* von 2018 dieselbe Antwort, wie sie seit Jahrzehnten üblich ist: »Eine expansive deutsche Geldpolitik« sei bei den Deutschen unpopulär gewesen, »die noch immer unter dem historischen Trauma der Hyperinflation litten«. Gemeint ist die Hyperinflation von 1923. Sie, so die Autoren, habe die Deutschen traumatisiert.

Von einem Trauma ist an sich dann die Rede, wenn ein Individuum über ein schreckliches Erlebnis nicht hinwegkommt. Hier aber wird geredet von der Traumatisierung einer Kollektivseele, in der also das Volk wie ein Individuum leidet. Selbst wenn wir ausblenden, dass Währungsschlendrian auch in anderen nordeuropäischen Ländern verpönt ist, stellt sich immer noch eine Frage: Wie soll denn das durch die Inflation bewirkte »Trauma« das NS-Regime, den Zweiten Weltkrieg, die flächendeckende Zerstörung Deutschlands, Millionen tote Deutsche überlebt haben? Passierte nach der Kapitulation 1945 nichts Nennenswertes mehr? Leben die Deutschen seit Jahrzehnten in einer Zeitblase, welche die »kollektive Seele« der »Nation«, sowie vom Euro die Rede ist, in die Zwanzigerjahre zurückversetzt?

Soziologen benötigen für ihre Untersuchungen halbwegs homogene Gruppen, die ihnen erlauben, von vielen Einzelgesprächen auf das Umfeld zu schließen. Daher müssen Verallgemeinerungen, sofern man sie nicht »Trauma« nennt, erlaubt sein. Hier versuchen wir uns an einer Verallgemeinerung: In der Tat legen »die Deutschen« Wert auf eine stabile Währung. Das hat aber nichts mit der Inflation von 1923 zu tun und auch nichts mit der Deflation vom Beginn der Dreißigerjahre.

Nach dem Zweiten Weltkrieg hatte die NS-Politik, die viele Deutsche zuvor goutiert oder widerspruchslos mitgemacht hatten, das Land zerstört. Zur politischen Betätigung lud das nur jene ein, die heimlich oder offen gegen das NS-Regime gewesen waren. Die Übrigen konzentrierten sich aufs Geldverdienen und die Aufbesserung ihres gesellschaftlichen Status.

Wer in den drei westlichen Besatzungszonen Ersparnisse hatte, verlor sie bei der Währungsreform 1948. (Die Kollektivierungen in der Sowjetischen Besatzungszone schufen andere Gefühlsmuster.) Der Krieg und die Währungsreform haben die Mentalität der heutigen »Deutschen« sicherlich mehr geprägt als die Inflation von 1923.

Geld verdienen; das verdiente Geld sich nicht wegnehmen lassen: Darum ging es nach dem Krieg in Westdeutschland. Die meisten Westdeutschen waren gegen Politik und wollten einfach nur ihr verdientes Geld behalten. Sie wollten Stabilität. In jener Zeit trafen die Ambitionen der Bevölkerung und der Adenauer-Regierung exzellent zusammen: Die Leute wünschten Ruhe; das Wirtschaftswachstum half innenpolitisch, und Adenauer tat außenpolitisch seinen Teil dazu, indem er die Bundesrepublik in die Nato hineinführte und für Verständigung mit Frankreich sorgte. Die deutsche Bundesbank samt ihrer Politik wurde – zu Recht – in allen Medien als Garant der Währungsstabilität gelobt. Das war der Tellerrand, über den »die Deutschen«, viele Politiker eingeschlossen, bis heute nicht hinaussehen.

Die halb ewige Kanzlerin Angela Merkel hat sich diesem westdeutschen Denken anstandslos angepasst. 2008 waren sie und der damalige Finanzminister Peer Steinbrück genötigt, zu deklarieren: »Die Spareinlagen sind sicher.«

Da nun ersann Merkel die Idee von der »schwäbischen Hausfrau«. Mit dieser Märchenperson kam die Kanzlerin ihren Zuhörern, als die Finanzkrise am Dampfen war. Da erzählte sie zum Beispiel in München Folgendes: Die schwäbische Hausfrau, wenn ihre Familie krank ist, wenn alle im Bett liegen, dann wird sie doch, damit es allen besser geht, eine ordentliche Brühe aufsetzen. Dafür wird sie dann auch ein gutes Hühnchen kaufen, selbst wenn sie dafür mehr Haushaltsgeld ausgeben muss. Damit rechtfertigte Merkel die mit deutschem Steuergeld veranstaltete Rettung diverser Banken.

Merkels Bild von der schwäbischen Hausfrau war peinlich banal. Sei es. Politiker neigen dazu, ihr Publikum unter Niveau anzusprechen. Genial war der Einfall trotzdem. Denn der Bezug ist doppeldeutig. Eigentlich hält die sprichwörtliche schwäbische Hausfrau das Geld zusammen und macht keine Verabredungen mit einem Franzosen namens Macron, der die EU-Länder zu mehr finanzieller Solidarität bewegen will. Bevor sie da mitmacht, kocht Merkel lieber Hühnersuppe.

4. Mai 2018

Allerweltsfreund »Gini«

Die meisten Deutschen haben das Gefühl, dass die Ungleichheit zunehme. Falsch, sagen Experten: Der Gini-Koeffizient belege, dass sie nicht zugenommen habe. Doch Statistik erlebt man nicht, globale schon gar nicht. Ungleichheit ist ein gesellschaftliches Problem.

Am 30. November wurden Saskia Esken und Norbert Walter-Borjans zu den neuen Parteivorsitzenden der SPD gewählt. Die Basis wollte offenbar Leute an der Parteispitze sehen, die mehr sozialen Geist verwirklichen möchten – wenn auch nicht Utopisten wie den Briten Jeremy Corbyn, dem selbst treueste Labour-Anhänger nicht glaubten, dass er die Eisenbahn und Schlüsselindustrien wieder verstaatlichen könne. Die vonseiten der SPD angekündigten Nachverhandlungen des Koalitionsvertrags mit der Union wurden, wie zu erwarten, schnell aufgegeben. Das ist kein Grund zur Entmutigung: Alles, was nicht funktioniert, lässt Raum für Wünsche und Hoffnungen.

Unter Borjans und Esken hat die SPD auf ihrem Parteitag Anfang Dezember ein neues Sozialstaatskonzept vorgestellt, das sich (so die *SZ*) »behutsam stärker nach links« ausrichtet. Dazu gehört auch die Wiedereinführung einer Vermögensteuer. Unter Kanzler Kohl gab es sie, 1995 aber wurde sie vom Bundesverfassungsgericht für inadäquat erklärt, weil – was bis dahin der Fall war – Immobilieneigentümer nicht besser behandelt werden dürften als andere Vermögende.

Die Vermögensteuer war und ist keine ganz schlechte Idee, aber wegen des Urteils von 1995 wird es sie so schnell nicht geben. Zunächst müsste »der Oma ihr klein Häuschen«, das die Enkel geerbt haben, neu taxiert werden. Die verfügbaren Daten für Altbauten beruhen auf jahrzehntealten Bewertungen. Die nötige Neubewertung der Immobilien würde Jahre dauern, eine Prozesslawine auslösen und den Staat sehr viel Geld kosten.

Die SPD-Wähler sind nicht mehr so arm wie zu Kaisers Zeiten. Viele sind Leute mit »mittlerem Einkommen«, leben aber in einer ererbten Immobilie, die – der Markt boomt – mittlerweile eine Million Euro wert ist. Darauf Vermögensteuer zahlen? Das Programm der SPD enthält indes einige umsetzbare Vorschläge, die sich um die Frage der Ungleichheit drehen und wie sie gemildert werden könnte.

Das Institut der deutschen Wirtschaft (IW) hat nichts dagegen, als »arbeitgebernah« charakterisiert zu werden. Ganz zufällig hat dieses Institut einige Tage nach dem SPD-Parteitag, nämlich am 17. Dezember 2019, eine Studie vorgestellt, in der es auch um Ungleichheit ging. Die Ungleichheit in Deutschland sei gar nicht so schlimm und, dies das implizite Ergebnis, müsse also auch nicht sonderlich bekämpft werden. Laut dem Gini-Koeffizienten sei die Ungleichheit in Deutschland von 2008 bis 2018 gesunken.

Der Gini-Koeffizient gibt das Maß für die Vermögensungleichheit an. Die Ziffer 0 steht für völlige Gleichverteilung des Nationalvermögens. Die Ziffer 1 steht dafür, dass sämtliches Vermögen in einer Hand versammelt ist. In Deutschland ist der »Gini« von 2008 bis 2018 gesunken: von 0,748 auf 0,723. Das wurde von den Medien aufgegriffen: Neue Studie! Umfragen zufolge dächten die Deutschen, die Ungleichheit steige, aber das sei falsch! So war es zu lesen. Die wahre Erkenntnis, die sich aus der Studie des IW ergibt: Das Institut hat sich mit längst bekannten Daten in die politische Debatte eingemischt. 2018 erschien der *World Inequality Report*, der in Deutschland unter dem Titel *Die weltweite Ungleichheit* veröffentlicht wurde. Einer der fünf Autoren ist Thomas Piketty; er und die übrigen vier haben schon dargestellt, was das IW vor ein paar Wochen publizierte, im Besonderen: die gesellschaftsfreundliche Entwicklung des Gini-Koeffizienten in Deutschland.

Das der weltweiten Ungleichheit gewidmete Buch zeigt, dass diese statistisch bloß deshalb weniger zunimmt, weil sich in den bevölkerungsreichen Ländern China und Indien Millionen Menschen aus der absoluten Armut befreien konnten. In Afrika ist es anders. Auch in den USA gibt die Entwicklung des »Gini« Anlass zur Sorge. Immer mehr Reiche wohnen in sogenannten »gated communities«, hinter Mauern, lassen sich von ihren Fahrern in die Tiefgaragen ihrer Bürohäuser bringen und vermeiden Kontakt mit dem Plebs. Das entscheidende Fazit der Autoren: »Die globale Mittelschicht« werde – wie sie es bildlich formulieren – »zusammengedrückt«. Weil die USA und die Länder der EU im Vergleich zum Rest der Welt wohlhabend sind, zählen die Autoren »die unteren neunzig Prozent der Einkommensgruppen« dort zur »Mittelschicht«.

Das ist Statistik. Statistik erlebt man meistens nicht, globale schon gar nicht.

Wenn also eine Mehrheit der Deutschen das Gefühl hat, die allgemeine Ungleichheit nehme zu, dürfte es daran liegen, dass sie die Verbesserung des deutschen »Gini« binnen zehn Jahren um 0,025 Punkte nicht zur Kenntnis nehmen, wohl aber Nachrichten aus aller Welt. Auffällig für jeden ist auch, wie sehr die Zahl der Topmanager gestiegen ist, die wegen Unfähigkeit entlassen werden und Millionen mit nach Haus nehmen – ihren Verträgen entsprechend, gefühlsmäßig frei-lich quasi zum Dank dafür, dass sie endlich gehen.

Wer sich darüber aufregt, ist nicht neidisch. Es verletzt das Empfinden für Gerechtigkeit.

Ungleichheit ist nicht bloß eine Frage der Statistik. Der Politikwissenschaftler Christoph Butterwegge hat unlängst ein dickes Buch über »Wirtschaftliche, soziale und politische Ungleichheit in Deutschland« publiziert (*Die zerrissene Republik*). Darin schreibt er: »Die zunehmende Ungleichheit« erstrecke sich auch auf »Lebensbereiche wie Bildung, Gesundheit, Wohnen, Freizeit, Mobilität«. Damit hat er recht. Kinder aus armen Haushalten haben wenig Chancen, etwas aus sich zu machen. Es hapert an der Bildung. Ökonomen sagen: Der deutsche Staat solle nicht sparen, sondern vielmehr investieren. Bildung: Das wäre eine gute Investition.

31. Januar 2020

Nach dem Ende der Arbeit

Das bedingungslose Grundeinkommen steht seit Jahren in der Debatte. Manche plädieren dafür, weil sie die Marktwirtschaft vor Aufständen retten wollen. Andere erhoffen sich davon einen Anstoß für alle, die wie gelähmt sind, weil sie keinen Job haben.

Anfang des 19. Jahrhunderts wurden in Britannien mechanische Webstühle eingeführt, die schneller waren als die Hände der Weber. Die Weber waren auch schnell. Sie sahen alsbald, worauf das für sie hinauslief: Arbeitslosigkeit und Hunger. Sie revoltierten. Nach James Ludd, der die Parole dafür ausgab, sind die Ludditen-Aufstände benannt. Die hoffnungslosen Weber stürmten mit hoffnungslosem Mut die Fabriken und zerstörten die Maschinen. Die englische Justiz schlug zurück, indem sie das Demolieren der mechanischen Webstühle mit der Deportation nach Australien bestrafte oder gar mit dem Tod.

Heute wird darüber diskutiert, ob die Digitalisierung Arbeitsplätze koste, ob Roboter menschliche Arbeiter zunehmend überflüssig machen. Für Lastkraftwagenfahrer, um nur ein Beispiel zu nennen, ist die Frage schon beantwortet: In dem Jahr, das nicht ganz fern ist, da Lkw computergesteuert unterwegs sind, haben die Fernfahrer keine Arbeit mehr. Sie werden überflüssig. Andere Arbeiten, die für sie infrage kämen, werden dann auch wegrationalisiert sein. Sofern die Lkw-Fahrer nicht als Hobby das Studium der Informatik betrieben haben, werden die meisten in der Erwerbswirtschaft keine Rolle mehr spielen. So wird es kommen.

Wirtschaftsbosse und Soziologen, Linke und Rechte plädieren deshalb für das bedingungslose Grundeinkommen. Wer die Idee für Mumpitz hält – was auch in dieser Kolumne schon sinngemäß so zu lesen war –, muss sich indes klarmachen, dass die Arbeitswelt von morgen ganz anders sein wird als die von heute. Beginnen wir einen neuen Versuch. Dabei helfen ein unveröffentlichter Aufsatz des an der TH Zürich lehrenden Philosophen Lutz Wingert und das Buch *Sicheres Grundeinkommen für alle* von Eva Douma.

Die Fürsprecher des Grundeinkommens haben, grob gesagt, zwei Herangehensweisen. Da sind jene, die »das Ende der Arbeit« kommen sehen und Aufstände wie die der britischen Ludditen vermeiden wollen. Damit die kapitalistische Marktwirtschaft friedlich weiterfunktioniere, wollen sie Geld an alle verteilt sehen, zur Sicherung des Existenzminimums. Niemand könne sich dann mehr beschweren oder gar aufbegehren. Das ist die Sicht von Leuten wie dem Drogeriekönig Götz Werner, der außerdem der Meinung ist: Zusammen mit der Einführung des Grundeinkommens sollten alle Steuern abgeschafft werden, ausgenommen eine Mehrwertsteuer von fünfzig Prozent. Mit der Umsetzung dieser Idee wäre zuverlässig garantiert, dass die gesellschaftliche Ungleichheit rapide zunähme: Dann würden alle, die sehr viel Geld einnehmen, nur noch nach Maßgabe ihres privaten Konsums Steuern zahlen. Das aus guten Gründen in der Bundesrepublik eingeführte Konzept der Umverteilung wäre damit passé.

Andere Vertreter des Grundeinkommens denken mehr aus Sicht der Geringverdiener und der Arbeitslosen. Sie müssen sich an den entscheidenden Fragen abarbeiten: Wirkt ein bedingungsloses Grundeinkommen motivierend, oder hätte es denselben Effekt wie Hartz IV, das manchen eine traurige, bierselige Existenz auf dem Sofa vor der Glotze finanziert? Und: Könnte sich eine Volkswirtschaft das Grundeinkommen überhaupt leisten?

Was die zweite Frage angeht, ist Eva Douma, die früher beim Paritätischen Wohlfahrtsverband arbeitete, frohgemut: Steuererhöhungen wären nötig. Aber wenn man bestehende überflüssige Steuererleichterungen wie zum Beispiel das Ehegatten-Splitting aufhöbe, von anderen sinnlosen Staatsausgaben gar nicht zu reden, würden die Auswirkungen auf alle Steuerzahler tragbar sein.

Freilich, niemand weiß zu sagen, ob ein bedingungsloses Grundeinkommen motivierend wirken würde. Etliche Experimente wurden angestellt: in Kenia, Finnland, den USA, Kanada, Brasilien. Und sie glückten. Aber die Bedachten wussten, dass sie mit den Gratis-Zuwendungen zu Ausnahmemenschen wurden – und verhielten sich möglicherweise deshalb entsprechend verantwortungsbewusst.

Ziemlich sicher ist: Wenn das Grundeinkommen einer afrikanischen Frau vom Dorf gegeben wird, ist es nützlich. Solche Frauen investieren das Geld mit Vernunft; sie schicken ihre Kinder zur Schule; sie gewinnen Achtung bei den machistischen Männern der Familie, was mitunter auf die gesamte Dorfgemeinschaft ausstrahlt. Was die Industrieländer angeht, sollte nicht unterschätzt werden, welchen moralischen Stellenwert die Arbeit einnimmt: Kaum ein Mensch will nutzlos zu Haus herumsitzen. Die meisten Hartz-IV-Empfänger würden liebend gern arbeiten. Nur dass ein älterer arbeitsloser Spezialist für die Wartung von Starkstromkabeln zum Spargelstechen halt nicht taugt. Ist das eine Ausrede? Eva Douma hat sich in Studien schlaugemacht und resümiert: »Für die These, dass Niedriglöhner einen hohen ökonomischen Druck brauchen, um dem Arbeitsmarkt zur Verfügung zu stehen, konnten im Rahmen der evaluierten Projekte keine Belege gefunden werden.«

Das Grundeinkommen wird als unverdienter Geldsegen betrachtet. Da spricht die Moral. Wenn es bloß um die Existenzsicherung ginge und nicht um eine auskömmliche Pension, dürften die Moralisten schweigen: Das Grundeinkommen wäre nichts anderes als ein Äquivalent von Hartz IV, das aus Sicht der bedürftigen Empfänger würdevoller ausgeteilt würde. Alle Übrigen bräuchten es eigentlich nicht.

Deshalb wäre es für die Bundesrepublik viel sinnvoller, wenn Kindertagesstätten und Altenheime von staatlicher Seite finanziert würden. Nicht als Aufbewahrungsplätze, sondern anregend für die Kinder und angenehm für die Alten. Für Kinder interessiert sich die Gesellschaft. Alte, die nicht das Geld für eine teure Unterkunft haben, verrotten in miserabel ausgestatteten Heimen.

19. Oktober 2018

Interaktives Mitmachspiel

Die Begeisterung für die Demokratie erlahmt. Unter Mitbestimmung stellen viele sich mehr vor, als bloß alle paar Jahre wählen zu gehen. Die Befürworter von Volksabstimmungen sehen ihre Zeit gekommen. Von Plebisziten über alles und jedes ist aber abzuraten.

Die Schweiz ist ein herrliches Land. Die meisten Schweizer sehen das genauso. Alle Länder haben ihre Eigenheiten, die sich aus dem täglichen Miteinander ergeben. Die Deutschen sind weltweit berühmt fürs akkurate Mülltrennen, die Italiener fürs laute Telefonieren mit der Mama, die Holländer für einen Hang zu Autoreisen mit Wohnanhänger. Die Schweizer betrachten sich als besonderer denn besonders. Außerdem sind sie in ihren Kantonen fest verwurzelt, fest wie der Baum, vor dem Tells Sohn stand, als Papa ihm den Apfel vom Kopf schoss. Der Schweizer Germanist Peter von Matt hat das so beschrieben: »Das Behagen im Föderalismus bedarf keiner weiteren Beweise. Es gibt Kantone, die möchten nicht nur ihr eigenes Eisenbahnnetz und kantonsspezifische Herzverpflanzungen, sondern am liebsten auch noch ihr eigenes Ozonloch.«
Viele Schweizer fühlten sich unwohl, als sie im 19. Jahrhundert in einem Nationalstaat zusammengebracht wurden. Peter von Matt spricht von der Furcht, die Städter könnten alles Eigene, alles Echte zerstören. Johanna Spyris herzige »Heidi«-Romane waren damals hochpolitisch. Land stand ge-

gen Stadt. Auch wegen der imposanten Verkehrshindernisse mit ihren beschneiten Gipfeln kamen die Landleute nicht zusammen, sondern waren in jeder Region für sich auf »dä Sockä« aufgebracht. Die Schweizer Politiker nahmen Luft aus dem Kessel, sie gewährten den Kantonen viel Eigenständigkeit und dem Volk viel Mitsprache. So kam es zu den heutigen Schweizer Volksabstimmungen.

Befürworter von Referenden führen die Schweiz an, um zu belegen, wie umsichtig Bürger ihre Stimme abgeben. Neulich zum Beispiel haben die Schweizer die sogenannte Vollgeld-Initiative abgeschmettert. Bedeutende auswärtige Kommentatoren plädierten für das Schweizer Vollgeld: Das globale Finanzsystem müsse dringend reformiert werden; in der Schweiz könne man das testen: Möglicherweise könne Ruhe in das riskante Treiben der Finanzmärkte gebracht werden, wenn künftig alle Kredite durch die Notenbank abgesichert seien, wenn Privatbanken nicht mehr ohne Weiteres Geld schöpfen dürften, indem sie Kredite vergeben. Aber die eigensinnigen Schweizer sagten: Nichts da! Sie wollten nicht als Meerschweinchen zur Verfügung stehen. Verständlicherweise.

Warum sind die Schweizer so klug? Nun, sie sind nicht klüger als die Bayern. Der erste bayerische Ministerpräsident, der Sozialdemokrat Wilhelm Hoegner, verbrachte die NS-Zeit im Schweizer Exil. Nach seiner Rückkehr in die Heimat pflanzte er dort ein schönes Souvenir: Er sorgte dafür, dass die Verfassung des Freistaats von 1946 Plebiszite vorsieht. Die Bayern sind darin also geübt. Die bayerische Vereinigung Mehr Demokratie hat dazu eine Studie veröffentlicht, die erfreulicherweise sogar in klarem Deutsch geschrieben ist.

Worum geht es bei den Bürgerentscheiden? Wirtschaftsprojekte stehen an der Spitze, gefolgt von Verkehrsprojekten, Infrastruktur- und Versorgungseinrichtungen, danach kommen

Sozial- und Bildungseinrichtungen. »In diesen Kernbereichen der kommunalen Selbstverwaltung«, heißt es in der Studie, »war das größte Interesse und Mitsprachebedürfnis zu erkennen.« Vor ihrer Haustür kehren die Bayern insgesamt sehr gut. Da weiß ein jeder, worum es geht. Das gilt sogar für die Münchner, die vor einiger Zeit darüber abstimmten, ob ein Kohlekraftwerk weiter betrieben werden dürfe. Die Münchner waren dagegen. Weil es sich um ein einziges Kraftwerk handelte, konnte die Stadt den Entscheid verkraften.

Es mag nun so aussehen, als ob Plebiszite nötig seien. Schließlich geht es darum, die Leute bei der demokratischen Stange zu halten. Viele Menschen haben sich daran gewöhnt, hemmungslos ihre Meinung kundzutun. Per Katzenbilder und Aufnahmen von ihrem Essen zeigen sie, dass sie existieren. Sie »liken« ohne Unterlass, sie machen mit bei »Shitstorms«, ohne genau zu wissen, worum es geht. Direkte Demokratie scheint angesagt, damit die Demokratie überlebt. Im Netz ist das alles gut und mehr oder weniger schön. In der politischen Praxis aber ist Vorsicht geboten.

Der Ausgang von Plebisziten ist oftmals vorhersehbar. Wenn es darum geht, abstraktes Geld zu sparen, sind die Wähler dafür. Wenn es gilt, das Heimische zu bewahren, sind die Wähler dafür. Wenn es darum geht, Fremde auszugrenzen, sind die Wähler dafür. Letzteres führte 2009 zu der lächerlichen Schweizer Entscheidung, den Bau von Minaretten zu untersagen.

Die Studie von Mehr Demokratie offenbart, wo Bürgerentscheide sinnvoll sind: Je kleiner die Gemeinde, desto größer die Beteiligung. Handelt es sich um Abstimmungen in Gemeinden mit bis zu 2000 Einwohnern, geben im Schnitt 65,7 Prozent der Stimmberechtigten ihr Votum ab. In Städten mit mehr als einer halben Million Einwohnern sind es bloß

28,4 Prozent. In kleinen Gemeinden geht es um konkrete Fragen: Gewerbegebiet, ja oder nein; Schwimmbad, ja oder nein. Solche Abstimmungen sind wichtig.

Verheerend hingegen wäre es, die Bürger aufzurufen, über Fragen zu entscheiden, die das große Ganze betreffen. Die Volksbefragung über Britanniens Verbleib in der EU war so ein Fall. Da konnten die meisten nicht ahnen, was sie sich einhandeln. Viele sind sauer auf die abgehobene Politelite in London, und auf »Brüssel« sowieso, jedenfalls auf das, was sie sich darunter vorstellen. Andere sind schlicht ausländerfeindlich.

Die Schriftstellerin Nora Bossong hat in der *taz* geschrieben: »Die Demokratie verkommt immer mehr zum interaktiven Mitmachspiel.« Recht hat sie. Von Volksabstimmungen im großen Stil ist abzuraten.

15. Juni 2018

Hybris

Die Deutsche Bank, einst ein großes Rad in der »Deutschland AG«, wollte international wichtig werden. Das ist gründlich misslungen. Sie half Oligarchen bei der Geldwäsche, sie half bei Steuervermeidung, sie verhalf Donald Trump zu Reputation.

Als der damalige Deutsche-Bank-Chef Josef Ackermann im Jahr 2008 seinen sechzigsten Geburtstag beging, ließ Angela Merkel ihm zu Ehren im Kanzleramt ein Essen anberaumen. Irgendjemand musste ihr eingeflüstert haben, Ackermann sei der Garant für deutsche Wertarbeit im Finanzwesen. Wenn die Kanzlerin heute führende Vertreter der deutschen Industrie, des Handwerks, der Familienunternehmen, der Gewerkschaften einlüde, würde der Schmaus weniger harmonisch sein. Immer noch ist vom Coronavirus wenig bekannt. Verlässlich absehbar sind aber die katastrophalen Ergebnisse der weltweiten Einschränkung des Wirtschaftslebens. In asiatischen und afrikanischen Ländern werden Millionen Menschen, die keine Arbeit mehr haben, samt ihren Kindern verhungern. In Deutschland haben die Maßnahmen für Unternehmen, die Beschäftigten und alle Familien üble Auswirkungen. Mag auch eine Mehrheit der Bevölkerung die Regierungsmaßnahmen gutheißen, Angela Merkels Leben ist friedlicher, wenn sie derzeit – das Virus erlaubt das – keine Essenseinladungen an Wirtschaftsbosse ausspricht.

Damals, 2008, wurde der Schweizer Banker Josef Ackermann von der Kanzlerin liebenswürdigst behandelt. Manche meinen, Ackermann sei von Unsicherheitsgefühlen geschlagen. Sollte er wirklich in dieser Weise leiden, kann man nur empfehlen, so »unsicher« zu sein wie er: Der Person stehen Einkünfte und Boni in Millionenhöhe in Aussicht. Als Ackermann 2002 bei der Deutschen Bank angestellt wurde, verkündete er, die Bank werde 25 Prozent Rendite erwirtschaften. 2005 war das gelungen. Mitunter kommt es vor, dass ein Unternehmen so viel einnimmt. Gar selten aber lässt sich das vorhersagen. Ackermann musste also einen neuen Geist in die Bank bringen, und viele gab es, die das gern mitmachten, in der praktischen Umsetzung führte das zu moralischem und illegalem Schludertum sowie zu Arroganz und Selbstüberschätzung.

Das Ergebnis von Ackermanns Management, das 2012 endete: Die Deutsche Bank hat illegale Machenschaften befördert. Sie hat russischen Oligarchen Geldwäsche ermöglicht, hat mitgemischt bei der Einforderung unrechtmäßiger Steuerrückzahlungen im innereuropäischen Klima-Emissionshandel und beim großen Libor-Skandal, da beim Interbanken-Handel Angaben zugunsten der Banken gefälscht wurden. Sie hat Donald Trump Hunderte Millionen geliehen, als keine andere Bank mehr sich mit diesem unzuverlässigen Schuldner einlassen wollte. Sie gehörte zu den Banken, die Derivate verkauften, die zurückgingen auf Zigtausende bekanntermaßen mittellose Hauskäufer in den USA, denen eine Hypothek angedreht worden war, was 2007 den Finanzcrash auslöste. Die Deutsche Bank hat Milliarden Dollar an Strafgeld gezahlt. Heute ist sie international zwar bekannter, aber nicht wichtiger als früher. Der Wert ihrer Aktien ist im Keller. Wie konnte es dazu kommen? Das erklärt David Enrich, Finanzredakteur der *New York Times*, in seinem jüngst erschienenen Buch *Dark*

Towers. Der Titel meint die zwei im Frankfurter Stadtbild herausragenden Türme, genannt »Soll« und »Haben«.

Früher stand die Deutsche Bank für den Spitznamen der Bundesrepublik: »Deutschland AG«. Die Bank hielt viele Anteile an wichtigen deutschen Unternehmen. Sie kümmerte sich um ihre Klientel. Alfred Herrhausen, von Linksterroristen 1989 ermordet, war nun aber der Meinung gewesen, die Bank müsse international wichtig werden. Gemeint hatte er: Deutschland ist Teil der Welt, was für ihn bedeutete: Man nimmt, man gibt. Herrhausen war dafür, armen Ländern die Schulden zu erlassen. Ackermann hingegen hat bloß das Nehmen hochgehalten. Als er Chef wurde, verkaufte er die Unternehmensanteile. Das gab ihm das Geld, um auf dem Kapitalmarkt zu fuhrwerken. Um 25 Prozent Profit zu erzielen, schaltete er die Bonus-Maschinerie in den höchsten Gang.

Die Deutsche Bank expandierte. Laut Enrich hat sie zu Zeiten von Ackermann mit geborgtem Geld mehr spekuliert als alle anderen: Das Verhältnis von eigenem vorgehaltenem Kapital zu geliehenem war 1:50. Die Bank interessierte sich kaum mehr für die Realwirtschaft, sondern investierte in Derivate. So setzte sie ihr Geld und das Geld ihrer Kunden auch dafür ein, darauf zu wetten, ob ein großes Unternehmen pleitegehen könne. Die Geschäftssprache war nun Englisch. Im Londoner Hauptquartier wurde ein Schild aufgehängt, das erklärte, wie der Name der Bank auszusprechen sei: »DOYchuh«, damit sollte die Assoziation des Wortes »Deutsche« mit dem Wort »douchebag« unterbunden werden, womit in amerikanischen Büros ein Dösbaddel bezeichnet wird. Etliche Leute wurden eingestellt, die nur ein Ziel haben sollten: schnellen Profit machen, ohne Rücksicht auf die Folgen.

Seltsamerweise hat die Bank unter Ackermann und auch nach ihm es nicht geschafft, ein funktionierendes Computer-

netz aufzubauen: Selbst jene Deutschbanker, die ernstlich prüfen wollten, ob korrekt und legal gearbeitet werde, konnten
die nötigen Daten nicht eruieren. Auf Ackermann folgte 2012
die Doppelspitze von Anshu Jain und Jürgen Fitschen. Auch
Jain setzte auf Investmentbanking und den Handel mit Derivaten. Sein Omnipotenz vorspiegelndes Auftreten kam bei
den Deutschen, anders als das von Ackermann, nicht gut an.
Heute bemüht sich Christian Sewing, das Geldhaus wieder
auf Kurs zu bringen. Die Internationalisierung der Deutschen
Bank ist gründlich misslungen. Europäisch gedacht, ist es
schade um die Deutsche Bank. Amerikanische Großbanken
haben alle möglichen Interessen im Blick, aber nicht die der
Europäer.

22. Mai 2020

2

Europa und ihre falschen Freunde

Die Europäische Währungsunion wurde nach dem Fall der
Mauer und dem Niedergang des Eisernen Vorhangs 1992 sehr
schnell gegründet. Neoliberales Denken war damals angesagt.
Mit Rückendeckung kleinerer Staaten drang das große
Deutschland darauf, dass die Mitglieder der Währungsunion
jeweils für ihre eigene Wirtschaft aufkommen müssten. Der
»große Europäer« Jacques Delors, damals Präsident der EG-
Kommission, wollte alles rundmachen, stellte seine Herkunft
aus dem Sozialismus hintan und zeichnete die nach wirtschaftsliberalen Prinzipien abgefassten Verträge.

Seither leidet die EU an zwei Dingen. Zum einen haben
die Funktionäre das Sagen und lassen sich von Lobbyisten in-
formieren. Zum anderen propagieren die Mitgliedsländer die
EU mit ihren je eigenen Anliegen. Großagrarbetriebe sind auf
Subventionen erpicht. Gemüseproduzenten wollen die kleinen Konkurrenten aus dem Feld schlagen. Das hat zu völlig
abstrusen Verordnungen geführt. Der Satiriker Martin Sonneborn, seit 2014 als Chef der Spaßpartei »Die Partei« im EU-Parlament, hat den dortigen Betrieb zur Freude seines Publikums
auf die Schippe genommen. Je mehr freilich er sich eingearbei-
tet hat, desto sinnvoller schien ihm die Institution. Er mag
nicht mehr bloß EU-Clown sein.

Die Europäische Union, wie sie installiert wurde, folgt der Idee, dass die freie Wirtschaft alles regeln werde. Das hat sich als Irrtum herausgestellt. Als Griechenland infolge der Finanzkrise 2008 seine Staatsschulden nicht mehr begleichen konnte, wurden dem Land von der sogenannten Troika – der Europäischen Zentralbank, dem Internationalen Währungsfonds und der EU-Kommission – Auflagen oktroyiert, die es an den Abgrund trieben: Krankenhäuser hatten nicht einmal mehr Geld für Verbandsstoff und simple Medikamente; die Arbeitslosigkeit schnellte in die Höhe; Rentner, denen die Rente reduziert worden war, mussten sich von ihren Kindern ernähren lassen. 2018 lief das letzte sogenannte Hilfsprogramm für Griechenland aus; diese Programme dienten vor allem dazu, Griechenland zu befähigen, seine Auslandsschulden zu begleichen. Den Bürgern brachten sie wenig. Den Staat kleinsparen ist indes nicht das beste Mittel, ein darbendes Land wieder auf Trab zu bringen. Im Gegenteil: Staatlicher Protektionismus ist mitunter nötig.

Der US-Präsident Donald Trump ist so grausam-komisch, dass Satiriker den Hut abgeben müssen: Sie können den 2017 bestallten Präsidenten der USA nicht karikieren, das macht er selbst gut genug. Trump besteht darauf, dass die westlichen Verbündeten der Nato mehr Geld für Aufrüstung ausgeben sollten. Abgesehen davon, dass die US-Rüstungsindustrie gern Aufträge einheimst, ist nicht klar, welchem Zweck das frommen soll.

Menschen und Gurken

Die EU verabschiedet immer wieder dusselige Verordnungen. Woran liegt es? Die EU-Kommission wird der Selbstherrlichkeit geziehen. Indes: Viele überflüssige Regularien werden jenseits politischer Kontrolle in Fachausschüssen entworfen.

Hurra, die Gurkenverordnung gilt immer noch. Sie ist in die Geschichte eingegangen als Beispiel für sinnlosen Regulierungswahn der EU-Kommission. Auf zehn Zentimeter Länge darf eine Gurke nicht mehr als einen Zentimeter gekrümmt sein, wenn sie im Verkauf der Güteklasse I zugerechnet werden will.

Natürlich will jede seriöse Gurke Klasse I sein, so beansprucht sie in der Kiste weniger Platz, und ihre Züchter haben Rechtssicherheit im Hinblick auf die Frage der Qualität. Ob sie gut schmeckt, ist der Gurke und den Züchtern ziemlich egal. Deshalb hat die nordeuropäische Gurke seit Beginn des 20. Jahrhunderts dafür gestritten, dass sie gemessen werde. In jüngerer Zeit haben vor allem deutsche und österreichische Gurkenköpfe sich dafür ins Zeug gelegt. Die Bürger Europas sahen das freilich anders, weshalb die EU-Kommission um mehr als einen Zentimeter einknickte und die Gurkenverordnung 2009 wieder aufhob, samt den Verordnungen für 25 andere Gemüse- und Obstsorten. Die Gurke setzte sich aber durch: Ihr Krümmungsgrad wurde flugs von der UN in Genf neu geregelt, und die EU war ganz einverstanden.

Mit dem Traktorsitz lief es so: Dessen bayerische Fürsprecher wollten ihn nun gar nicht normiert sehen. Und so hat die EU-Kommission die Traktorsitzverordnung erst eingeführt und dann wieder abgeschafft. Man sehe: Es ist nicht so, dass die Kommission sich über die Belange der Bürger hinwegsetzte. Im Gegenteil: Seitdem die EU Geld für das Errichten von Verkehrskreiseln gibt, will fast jede noch so kleine Gemeinde so einen Kreisel haben. Zwei Straßen kreuzen sich, der Verkehr ist durchaus übersichtlich, aber ein Kreisel muss her: Anders fände die Gemeinde keinen Platz für die grässlichen Artefakte in der Mitte, die vermutlich auch von der EU finanziert werden.

Im Frühjahr hat die EU-Kommission ein Weißbuch zur Zukunft der EU veröffentlicht. Darin sind fünf mögliche Szenarien vorgestellt, wie es weitergehen könnte. Sie lassen sich mit drei Stichworten zusammenfassen: Alles beim Alten lassen, ein bisschen weniger oder ein bisschen mehr Regulierung. Das Papier war als Diskussionsvorlage für Europas Regierungen gedacht. Aber weil es ausgesprochen waberig ist, wird kaum einer sich damit beschäftigt haben. Auffällig ist, dass die Autoindustrie in vier der fünf Erwägungen in der Auflistung der Ziele Vorrang hat vor weltpolitisch bedeutsamen Vorhaben, die den Klimawandel, den Umgang mit armen Ländern und andere Themen betreffen. Die Verfasser des Weißbuchs waren offenbar der Meinung: Autofahren ist wichtiger. Die Rede ist von dem »Connected Car«, also dem komplett digitalisierten Auto. Man fragt sich, wer den Verfassern die Idee eingegeben hat, dass Europas Bürger vor allem danach lechzen, mit einem vollcomputerisierten Auto die Grenzen zu überqueren. Doch nicht etwa die Autoindustrie?

Mit ein wenig Ressentiment belastet, ist es heilsam, mit Petra Erler zu sprechen. Sie hat jahrelang das Büro des EU-Kommissars Günter Verheugen geleitet, der zuletzt für Industriepolitik zuständig war. Ob wirtschaftliche Lobbys die Kommission beeinflussen, sagt sie, sei nicht nachzuweisen. Ihrer Erfahrung nach werden dusselige Beschlüsse eher von Einzelnen oder von kleinen Gremien aufs Gleis gesetzt: »Der Verdacht, dass die Kommission in den Händen der Industrie ist, der ist meistens falsch. Die Kommission ist sehr viel mehr in den Händen von Umweltorganisationen. Die sind sehr laut, weil sie sich immerzu benachteiligt fühlen.« Im Übrigen, so Erler, werde vieles »nicht politisch entschieden. Das sind die Dinge, die am meisten Ärger machen. Die werden in Fachausschüssen besprochen und dann vom EU- Parlament durchgewinkt. Da beugen sich dann noch drei oder vier Leute drüber. In Wahrheit sind die mächtigen Leute die, die in solchen Gremien sitzen. Das ist das undemokratische Element.«

Erler geht noch weiter: In den Fachausschüssen könnten Einzelne ihre Präferenzen zum Tragen bringen. Und es sei schwierig, das politisch zu kontrollieren, weil die Politiker oftmals keine Ahnung hätten und das angesichts der vielen diversen Anforderungen gar nicht haben könnten. Seit dem Lissabon-Vertrag sind die Fachausschüsse noch stärker als zuvor. Da sitzen Beamte der Mitgliedstaaten beisammen unter Leitung von Kommissionsbeamten – vonseiten der Politik werden sie gar nicht oder schlecht kontrolliert. So kommen Absurditäten zustande wie etwa die, dass die Beredungen zum Thema »Arbeitsschutzkleidung« in den Plan zur Vereinheitlichung europäischer Topflappen mündeten. Kein Wunder wäre es, wenn nach der Ankündigung Kleinkunsthändler sich gewundert hätten: Ob sie dazu aufgerufen würden, die Personaldecke des TÜV zu prüfen, indem sie die von Ordensschwester Nemesia gehäkelten Topflappen dort zur Begutachtung vorlegen.

Die Fachausschüsse erarbeiten jede Menge sogenannter technischer Regelungen, die im EU- Parlament in aller Regel durchgewinkt werden. Wenn die EU-Parlamentarier eines wissen, dann dieses: Europa ist kompliziert, und sie können nicht jede neue Gesetzesvorlage durchschauen. Es ist nicht schön, und moralisch ist es zweifelhaft, was der Satiriker Martin Sonneborn im EU-Parlament betreibt. Er wurde auf der Liste der Spaßpartei »Die Partei« in das EU-Parlament gewählt. Dort stimmt er abwechselnd, einerlei, was auf der Agenda steht, mal mit »Ja«, mal mit »Nein«. Damit will er stellvertretend demonstrieren, dass auch EU-Parlamentarier, die ihre Arbeit ernst nehmen, oftmals nicht wissen, wofür oder wogegen sie votieren.

Das Weißbuch der Kommission wurde publiziert samt der Ankündigung, dass Arbeitspapiere folgen würden. Mittlerweile liegen einige sogar vor; die öffentliche Debatte hält sich aber, gelinde gesagt, in Grenzen. Das ist einer der Gründe, warum einige Leute, wie etwa Pierre Moscovici, der EU-Kommissar für Wirtschaft und Währung, darauf dringen, es möge das Amt eines EU-Finanzministers geschaffen werden. Dann gäbe es mehr Transparenz und mehr Diskussion.

23. Juni 2017

Der Fahrradbeauftragte

Die Regierungen Europas mögen nicht noch mehr Kompetenzen an die Europäische Kommission in Brüssel abgeben. Denn die ist dem klassischen Fehler von Bürokratien verfallen: Sie strebt nach immer mehr Bedeutung für sich. Die Zukunft der EU kommt dabei zu kurz.

Die lateinische Sprache ist arm dran: Im Alltag hat sie keine Chance gegenüber Anglizismen und Emojis. Vor achtzehn Jahren ging es ihr noch ein klein wenig besser. »In varietate concordia« – in Vielfalt geeint – wurde 2000 das Motto der EU. Jacques Delors, dessen Name kaum mehr nennbar ist ohne das Epitheton »der große Europäer«, war von 1985 bis 1995 Präsident der Europäischen Kommission. Allerdings scheint er sich gedacht zu haben: Vielfalt gibt es sowieso, auf Vereinheitlichung kommt es an. Das dafür zuständige Emoji könnte ein Stern mit Händchen und Grinsegesicht sein, der sich selbst umarmt. Delors hat die Europäische Kommission geprägt. Freilich nicht zu ihrem Besten.

An der Europäischen Kommission wird viel gemäkelt. Teils zu Recht, teils nicht. Da wurde jahrelang täglich der fertig gekochte Kaffee aus Liège in großen Kesseln herangeschafft. In Brüssel angekommen, war er bloß noch lauwarm. Das Gesöff schmeckte zwar nicht, aber niemand konnte sich an dem Kaffee aus dem belgischen Lüttich die Zunge verbrennen. Diese gute Tat hatte die Kommission einem Belgier zu danken. Auch die Italiener kümmerten sich um das Wohlergehen der

Kollegen in Brüssel: Sprudelwasser, fanden sie, sei nur dann genießbar, wenn es in Italien eingekauft werde.

Leute wie der Philosoph Jürgen Habermas haben anderes zu bemängeln. Habermas streitet für mehr Demokratie in der EU. Sein Anliegen und seine Argumentation sind berechtigt, wenn auch ohne viel Bezug zu dem, was politisch machbar ist. Günter Verheugen, von 2004 bis 2010 EU-Kommissar, plädierte vergeblich für die Direktwahl eines europäischen Präsidenten. Weil sein Vorschlag nicht umgesetzt wurde, kann man nur raten, ob das einen demokratischen Fortschritt bedeutet hätte oder auf die kosmetische Maßnahme hinausgelaufen wäre, der EU ein Gesicht zu geben.

Die EU gibt es dank der Vergemeinschaftung; und sie krankt an der Vergemeinschaftung. Das merken die Bürger anhand abstruser Verordnungen. Einige Jahre lang erhielten Gurken den Befehl, gerade zu wachsen. Bananen hingegen mussten einen bestimmten Krümmungswinkel haben. Die Energiesparlampen, die auf Anraten der Industrie eingeführt wurden, sind bei der Entsorgung alles andere als sparsam. Ob Äpfel und Tomaten Aroma haben, spielt keine Rolle, solange sie in Standardgröße kommen; die landwirtschaftliche Industrie dankt. Französische Käsehersteller wehren sich gegen die EU-Hygiene-Auflagen: Sie wollen, dass ihr Käse seinen Geschmack behalte. In den osteuropäischen Beitrittsländern war es früher üblich, dass kleine Betriebe Schweine zu Hause aufgezogen und dort auch geschlachtet haben. Kleinstbetriebe haben in aller Regel nicht die Hygieneprobleme von Viehverwurstungs-Giganten. Vor den EU-Reglements sind nun aber alle gleich. Solche Dinge sind es, die die Bürger bemerken und die sie aufbringen gegen die EU.

Wer nun denkt, die EU habe sich von Industrie-Lobbyisten zu viel diktieren lassen, verkennt den Spross des europäischen

Gedankens, den »der große Europäer« Jacques Delors gepäppelt hat. Das Stichwort ist: Einheitlichkeit. Als vor Jahrzehnten die Adenauer-CDU gegen die SPD kämpfte, schalt sie die deutschen Sozialdemokraten der Gleichmacherei. Nun, in der Europäischen Union wurde genau das Wirklichkeit, für rund 500 Millionen Bürger.

Das Problem ist so komplex, dass Petra Erler, jahrelang Günter Verheugens Büroleiterin in Brüssel, zu einem weiteren Beispiel Zuflucht nimmt: Friedhofskerzen und der Ort, wo sie produziert werden. Nicht einmal mehr der Toten kann gedacht werden, ohne dass die EU darüber bestimmt. Petra Erler hält das für absurd. Die gebürtige Ostdeutsche hat schon zu DDR-Zeiten auf der Uni gelernt, was Marktwirtschaft ist. Daran hält sie sich. »Friedhofskerzen«, sagt Petra Erler, »die sind nur der Nebenkriegsschauplatz. Der Hauptkriegsschauplatz ist die Frage: Was brauche ich für das Funktionieren des Binnenmarktes? Aus Sicht der Kommission ist es so: Je mehr Vereinheitlichung, desto besser. Das ist das Problem! Wenn wir die Währungsunion in den Griff bekommen wollen, müssen wir dieses Problem attackieren.«

Die Arbeit der Europäischen Kommission leidet an zwei systemischen Fehlern. Der eine ist im üblichen bürokratischen Dilemma beschlossen: Man muss Kompetenzen an sich raffen. Die Beamten beschauen das Alltagsleben der EU-Bürger, um Dinge zu finden, mit deren Regulierung sie sich zur Beförderung empfehlen können. Petra Erler sagt, die Installierung eines europäischen Fahrradbeauftragten habe sie eben noch verhindern können.

Das zweite Problem ist gravierender. Wenn es weitergeht wie bisher, droht der Eurozone der Zerfall. Früher konnten Staaten in einer Krise ihre Währung abwerten. Das machte die Exporte günstiger und half den Ländern wieder auf die Füße.

In der Eurozone ist das nicht mehr möglich. Anstatt nun den Euro-Staaten Möglichkeiten zu gewähren, dass sie sich berappeln könnten, wird aber immer weiter vereinheitlicht. Ein nächster Punkt auf der Liste ist die Körperschaftsteuer. Erler meint: Arme Länder dürften ihren Unternehmen nicht zu viele Steuern aufbürden. An Steuervermeidung, wie sie in Malta staatlicherseits toleriert wird, denkt sie dabei natürlich nicht. Aber Malta ist klein.

Wenn die Europäische Kommission nicht lernt, den Ländern ihre Eigenheiten zu lassen, wird die EU scheitern. Wenn die Kommission nicht lernt, dem finanziellen Ungleichgewicht zwischen reichen und armen Staaten irgendwie zu begegnen, macht sie sich überflüssig.

29. Juni 2018

EU oder nicht EU?

Die Europäische Union funktioniert nicht recht. Es ist nämlich vornehmlich eine Wirtschaftsunion, politisch vereint ist Europa nicht. Viele Europäer fühlen sich ausgegrenzt aus dem global-wirtschaftlichen Geschachere.

Kapitän in der Badewanne des Zeitgeistes war im Jahr 1992 der amerikanische Universitätsprofessor Francis Fukuyama: Er publizierte ein Buch, das seither unentwegt zitiert wird, weil der Autor darin »das Ende der Geschichte« konstatierte: Die Sowjetunion und mit ihr der Marxismus hatten abgewirtschaftet. Fukuyama verkündete also den Anbruch der historischen Ewigkeit, in der bloß noch der demokratisch-liberale Kapitalismus das Sagen haben werde. Wer damals schon fragte, ob es nicht eine Nummer kleiner gehe, sollte recht behalten.

Immer neue Kriege und immer neue Protestbewegungen inspirierten Fukuyama dazu, jetzt in einem neuen Buch das Gegenteil von dem zu sagen, was er 1992 schrieb. Der Titel ist Programm: *The Demand for Dignity and the Politics of Resentment* (*Das Verlangen nach Würde und die Politik des Ressentiments*). 1992 schrieb er, das allen Menschen eigene Verlangen, »respektiert und anerkannt« zu werden, habe dem globalen demokratischen Liberalismus die Bahn gebrochen. Schluss, Ende, Feierabend mit gesellschaftshistorischen Entwicklungen. Heute indes erklärt er: Das Verlangen, respektiert und anerkannt zu werden, habe weltweit zu Ressentiments geführt, die man ernst nehmen müsse. Den Autor Fukuyama mag ernst nehmen, wer will. Es gibt andere, die sich mit den Problemen der Gegenwart seriös befassen.

Im August 2018 hat der Politikwissenschaftler Martin Höpner vom Max-Planck-Institut in der *FAZ* bekundet, er sei für die Bewegung »Aufstehen« der Links-Partei-Politikerin Sahra Wagenknecht. Diese Bewegung wird der Fremdenfeindlichkeit bezichtigt, weil Wagenknecht sich dagegen ausgesprochen hat, Menschen aus anderen Ländern unbegrenzt und bedingungslos in Deutschland willkommen zu heißen. Asylsuchende: ja. Wirtschaftsflüchtlinge: eher nein. So Wagenknechts Ansicht. Die Grenze – wer ist was? – ist allerdings schwer zu ziehen. Es spricht für die Bundesrepublik, dass diese Frage sich überhaupt stellt.

Höpner ist der Auffassung: Die in den führenden Schichten Deutschlands, einerlei welch politischen Couleurs, waltende Hingebung an die Globalisierung und ihre Folgen gehe vielen an der Nase vorbei: »Die von der kosmopolitischen Party Ausgeschlossenen«, schrieb er, reagierten »in zwei Schüben: zuerst durch Wahlenthaltung und seit einigen Jahren durch vermehrte Hinwendung zum Rechtspopulismus«. Aus Wagenknechts Bewegung »Aufstehen« wird vermutlich nichts werden. Wenn aber ein ganz normaler, solide arbeitender Politikwissenschaftler sich dafür ausspricht, muss das zu denken geben.

Auch Wolfgang Streeck, emeritierter Professor der Soziologie, hat sich mit dem Ungeist der Zeit befasst. Neulich hielt er in der Siemens-Stiftung in München einen Vortrag, der gar nicht dem gängigen Bekenntnis folgte, das da heißt: Ohne Europa sei Deutschland gar nichts; nur in Europa und mit dem Euro könne Deutschland bestehen. Streeck plädiert für eine Kehrtwende zurück zum Nationalstaat. Er argumentiert, »dass es Demokratie oberhalb des Nationalstaats nicht gibt und nicht geben kann«. Wer Demokratie verteidigen oder wiederherstellen wolle, müsse der Internationalisierung Schranken setzen.

Streeck sagt, dass der Neoliberalismus die sozial-politischen Umstände seit Jahren vergiftet habe. Für alle, die sich von dem Wort »neoliberal« beleidigt fühlen, hat er auch das Wort »Neu-Liberalismus« in petto. Streecks Meinung nach herrscht Stagnation in der Politik. Allgemein bekannt ist, dass der Neoliberalismus seit den Achtzigerjahren in vielen Ländern Fuß gefasst hat. Streeck sagt, dieser »Hochkapitalismus« sei für Politiker nicht mehr durchschaubar: »Nicht nur, dass sie nicht wissen, wie sie ihn regieren sollen und ob überhaupt: Sie stehen vor der Frage, wer die wachsenden Kosten seiner Rettung vor sich selbst tragen soll und wann diese anfangen, seinen abnehmenden gesellschaftlichen Grenznutzen endgültig zu übersteigen.« Streeck weiter: Im heutigen Kapitalismus gehe es darum, »aus den mit sozialen Rechten ausgestatteten Bürgern des Wohlfahrtsstaats verängstigte Arbeiter und zuversichtliche Konsumenten zugleich zu machen: einerseits getrieben von Existenzangst, andererseits gezogen von einem ständig erneuerten Angebot sozial obligatorischer Konsumgüter«.

Das »europäische Projekt«, so Streeck, hapere daran, dass es »bewusst konturlos« gehalten sei. In der Tat. Anders wäre es nicht realisierbar gewesen. Er sagt, was viele sagen: dass eine Währungsunion ohne politische Union nicht funktionieren kann. Die EU-Währungsunion ist gegründet auf einigen wirtschaftsliberalen Basisannahmen – nicht zu viele Schulden machen etwa. Streeck weiter: Um die EU beliebt zu machen, werde sie als friedensstiftend feilgehalten. Tatsächlich aber sei der Frieden in Europa mit der bedingungslosen Kapitulation des Deutschen Reiches 1945 gekommen, mit der Teilung

Deutschlands und der amerikanischen Besatzung in der Bundesrepublik. Erst Letztere habe gesamteuropäische Politik möglich gemacht.

Nun, da Deutschland wieder stark ist, könne man von anderen Ländern nicht »Haushaltsdisziplin« einfordern: Die werde nicht zunehmen. Zunehmen würden hingegen die »internationalen Ausgleichsforderungen gegenüber Deutschland«. Stichwort: Transferunion. Nachdenken solle man über »Möglichkeiten und Chancen eines mehr oder weniger geordneten Rückzugs aus der schrankenlosen Globalisierung der neoliberalen Epoche«. Schaue man auf kleine Staaten mit monetärer Souveränität wie Dänemark, Schweden und die Schweiz: Die würden prosperieren.

Wer die EU erhalten will, und dafür gibt es gute Gründe, muss Streecks Argumentation entkräften.

18. März 2019

3

Das Vereinigte Königreich – die stolze Insel

Der einstige britische Premierminister Harold Macmillan hat die Aufzüge der britischen nationalsozialistischen Schwarzhemden in London vor Ausbruch des Zweiten Weltkriegs erlebt. Später, in den 1960er-Jahren, sagte er, das habe ihm keine Sorgen gemacht: Wenn Engländer (von Schotten war damals keine Rede) sich wirklich für etwas engagierten, würden die Leute ihre besten Hosen anziehen (von Frauen war damals auch keine Rede) und friedlich demonstrieren.

Seit Macmillans Tagen hat das Vereinigte Königreich sich enorm verändert. Die BBC hat zunehmend Leute sprechen lassen, die keinen Oberklasse-Akzent hatten. Die BBC hat, beginnend in den späten 1980er-Jahren, viele Menschen beschäftigt, die dem Profil des klugen – teils auch exzentrisch-durchgedrehten – weißen Briten nicht entsprachen.

In den 1990er-Jahren war es britischen Zeitungen ein Fest, Deutschland als immer noch gespaltenes und seiner Selbstwahrnehmung unsicheres Land zu zeigen. Mittlerweile hat sich das in Britannien gewandelt: Dort weiß man nicht mehr, wer man ist. Allzu groß ist der Unterschied zwischen den Reichen und den Armen, zwischen London, wo die Börse und die Großfinanzunternehmen ihren Sitz haben, und den Regionen.

Als Tony Blair 1997 die Regierung übernahm, hat die Labour-Regierung tatsächlich die Lage der weniger bemittelten Menschen besser gemacht. Aber schon vor der Finanzkrise 2008 wurde das teilweise zurückgenommen. Seit der Finanzkrise haben die regierenden Tories Austerität eingeführt, dies in dem Maße, dass normale Arbeitslose und Geringverdiener nicht mehr wissen, woher sie ihr Essen bekommen und wie sie im Winter heizen sollen. Die konservativen Premierminister David Cameron und Theresa May haben daran nichts geändert und – weil mit Machterhalt beschäftigt – auch nichts ändern wollen.

Boris Johnson, bekannt als Journalist, der auf den Spinat haut, wurde 2019 Premierminister. Die Briten hatten gemerkt, dass irgendetwas faul war in ihrem Staat. Johnson schob das alles auf die Europäische Union. Er log, er setzte auf »soziale« Medien, er wurde gewählt. Der Franzose Michel de Montaigne kommentierte Ende des 16. Jahrhunderts, was Johnson heute lebt, mit den Worten: »Ich halte meine Begierden und Neigungen in hohem Ansehen.«

Aus dem alten Britannien bekannt ist der Satz, der übrigens in jedem Haushalt Anwendung finden kann: Wenn es nicht kaputt ist, reparier' es nicht. Dem Selbstdarsteller Boris Johnson sind drei Worte zu empfehlen, die Michel de Montaigne ebenfalls notiert hat: »Wozu zertrümmern wir ein Gebäude, das in so wohlberechneten und brüderlichen Proportionen gewachsen ist?« Dazu noch für alle, die sich gestelzt geben, sich also wichtigmachen: »Auch auf Stelzen müssen wir mit unseren eigenen Beinen gehen«; und selbst »auf dem Thron« sitzt ein jeder bloß »mit seinem eigenen Hintern«. Johnsons wirre Politik bestärkt viele Schotten darin, nun wirklich aus dem Vereinigten Königreich austreten zu wollen.

Auf zur Niederlage!

Der Brexit wird Großbritannien nicht guttun. Der ehemalige Premier Cameron beging einen fatalen Fehler, als er das Referendum über den Verbleib seines Landes in der EU anberaumte. Er lieferte eine Anleitung: Wie man schlechte Politik macht.

Machiavelli, Clausewitz und der große chinesische Stratege Sunzi lehrten Techniken des Siegens. Aber auch verlieren kann gelernt werden. David Camerons Referendumsinitiative ist eine hervorragende Blaupause für politische Niederlagen aller Art. Damit ein Projekt nicht bloß scheitert, sondern zudem seinen Urheber beschämt, müssen einige Voraussetzungen zusammenkommen. Die Beachtung von fünf Regeln garantiert den wohlfeilen Untergang.

Erstens. Hilfreich ist es, wenn man den eigenen Standpunkt nur halbherzig vertritt. David Cameron ist nie ein großer Freund der EU gewesen. 2007 hielt er in Tschechien eine Rede, in der er die EU »als die letzte Manifestation einer überkommenen Ideologie« bezeichnete, »einer Philosophie, für die kein Platz mehr in unserer neuen Welt der Freiheit ist«. 2014 forderte er im *Daily Telegraph,* die »unnötige Einmischung europäischer Institutionen« in britische Angelegenheiten zu beenden. Wahrhaft nützlich am europäischen Gedanken fand er stets allein den Binnenmarkt. Deshalb ist er auch nur selten in der Lage gewesen, europakritisch beseelten Hinterbänklern rhetorisch Paroli zu bieten.

Zweitens. Die Abwesenheit von festen Überzeugungen ermöglicht effiziente Resultate: Ohne Skrupel kann man sich von der politischen Konkurrenz in die von dieser gewünschte Richtung treiben lassen, was die eigene politische Linie mit aufregenden Hakenschlägen verziert, sodass niemand mehr weiß, wofür genau man steht. Anlässlich der anstehenden Wahlen zum Europäischen Parlament 2009, ein Jahr vor den britischen Parlamentswahlen, zog der damalige Tory-Vorsitzende Cameron seine Partei aus der Europäischen Volkspartei ab, dem übernationalen Block konservativer Abgeordneter im EU-Parlament. Vergeblich hatte er gehofft, so der Europafeindlichen britischen UKIP den Wind aus den Segeln zu nehmen. Weil diese Erfahrung Cameron nichts gelehrt hatte, wiederholte er die Übung 2013, nun als Premierminister: Eine »fundamentale Reform« kündigte er an und ein Referendum über den Verbleib Britanniens in der EU. Damit wollte er nicht zuletzt den innerparteilichen Euroskeptikern den Wind aus den Segeln nehmen. Er trat auf, wie Tony Blair später sagte, als der Cowboy, der droht: »Hände hoch – oder ich erschieße mich!«

Drittens. Wichtig ist es, das eigene politische Schicksal mit einer Frage zu verbinden, die die Wähler nur peripher interessiert, sodass sie allen Groll, den sie aus anderen Gründen hegen, bei dieser Gelegenheit abreagieren können. Zwar haben die Briten nie viel für die EU übriggehabt. Aber die meisten hatten am Tag des Referendums keine Ahnung vom Binnenmarkt. Die EU: Das war für die Mehrheit ein irgendwie sinistres Organ, das den Briten unnötige Gesetze und Verordnungen verpasst; sie war lästig und unbeeinflussbar, man konnte sich darüber aufregen wie über schlechtes Wetter. Was die Leute vor der Brexit-Kampagne ängstigte, waren der miserable Zustand des staatlichen Gesundheitsdienstes (NHS) und die zunehmende Einwanderung von EU-Bürgern bis 2015. Der NHS ist übrigens wegen der Sparmaßnahmen von Camerons Regierung mittlerweile, 2017, so weit heruntergekommen, dass Bettenpatienten auf den Gängen der Krankenhäuser geparkt werden. Die Wanderungsbilanz war 2016 deutlich niedriger als in den Vorjahren. Mit seinem Referendum hat Cameron mehrere Fliegen mit einer Klappe geschlagen: Die eingefleischten politischen EU-Gegner erhielten Spenden in vielfacher Millionenhöhe, um Kampagnen gegen die EU in Gang zu setzen. So erhielt der unterdrückt-verdruckste englische Nationalismus einen Schub, was viele Engländer dazu bewog, gegen die EU zu stimmen, in der irrigen Hoffnung, am Ende »mehr England« zu bekommen. Andere nutzten die Gelegenheit, der Regierung – »denen da oben«, den abgehobenen Großsprechern in London – die Meinung zu geigen.

Viertens. Unabdingbar ist es, sich so festzulegen, dass man eine dumme Entscheidung nicht mehr rückgängig machen kann. Aus wahl- und parteitaktischen Gründen hatte Cameron ein Referendum bis Ende 2017 versprochen. Nicht einmal das hat er abgewartet und die Volksabstimmung voreilig für den Juni 2016 anberaumt. Er war voll der eingebildeten Siegesgewissheit, mit der andere auf Pferde setzen. Stattdessen hätte er es vorerst bei einer Ankündigung ohne Datum belassen können. Er hätte in Brüssel für bessere Konditionen verhandeln können, hätte – ostentativ und medienwirksam – wütend aus dem Saal stürmen können, um dann ein paar Monate später huldvoll an den Verhandlungstisch zurückzukehren. Der Journalist Tom Shipman zitiert in seinem um Objektivität bemühten, um Urteile verlegenen Brexit-Buch *All Out War: The Full Story of How Brexit Sank Britain's Political Class* einen Berater Camerons, der sagte: »Wir hätten diese Dose mühelos

noch drei Jahre lang auf der Straße herumkicken können.«
Ergo: Das Referendum war überflüssig.

Fünftens. Um den eigenen Untergang zu besiegeln, sollte man beim Publikum Erwartungen wecken, die nicht erfüllbar sind. Cameron begann den Kampf um Großbritanniens Zugehörigkeit zur EU mit der Ankündigung, er werde das Gebot der Freizügigkeit für das Vereinigte Königreich kippen. Er hätte es besser wissen müssen. Dass Arbeitnehmer von einem EU-Land in ein anderes wechseln können, gehört zum Selbstverständnis der EU. Und mit seiner Vorstellung, Einwanderern wohlfahrtsstaatliche Zuwendungen auf ihre ersten Jahre vorzuenthalten, biss er bei osteuropäischen Staaten auf Granit.

Das Referendum ergab in Wahrheit nur eines ganz klar: Cameron beging den Fehler, es anzuberaumen. Der alte Tory Kenneth Clarke fand dafür verzweifelte Worte: »Das war eine denkbar fahrlässige und unverantwortliche Entscheidung.«

10. März 2017

Englische Kirschen

Nur der weise Mann ist reich. So lautet ein Paradoxon der Stoiker. Der Abschied Großbritanniens von der EU wird das Land ärmer machen. Der Brexit ist eine schlechte Idee. Wenn schlechte Ideen in die Tat umgesetzt werden, ergeben sich Paradoxa.

Am 29. März will Großbritannien offiziell seinen Austritt aus der EU annoncieren. Die Premierministerin Theresa May gilt als eine Frau, die sich von ihren Parteifreunden zum sogenannten »harten Brexit« hat treiben lassen. Das bedeutet: Falls die EU nicht kuscht, baut May darauf – zusammen mit den Leuten, die ihr den Rücken stärken oder vielmehr: die ihr auf den Fersen sind –, dass alles neu verhandelt wird, dass man keinen Binnenmarkt braucht, nicht unbedingt eine Zollunion samt den dazugehörigen Obliegenheiten und dass man stattdessen doch auch wunderbar, mit Kanada zum Beispiel, bilaterale Freihandelsabkommen vereinbaren könnte.

Diese Idee ist bizarr. Einige praktisch denkende Leute haben darauf hingewiesen, dass es bei Handelsbeziehungen auch ein wenig darauf ankommt, ob man von 400 Kilometern oder von 10 000 Kilometern Transportweg redet. Solche vernünftigen Erwägungen sind Theresa May nicht unbekannt. Sie sagt deshalb, mit der EU auch künftig gute Beziehungen haben zu wollen. Das ist erfreulich, besagt aber nichts. Theresa May und ihre Antreiber wollen das Beste von der EU, und was ihnen nicht passt, wollen sie nicht. Angela Merkel nennt das »Rosinen herauspicken«, die Franzosen nennen es Europa »à la carte«, und die Briten nennen es »cherry picking«. Weil die erfahrene Politikerin Theresa May ihre englischen Kirschen von guten Argumenten zu unterscheiden vermag, kann man ihre Haltung auch mit einem anspruchsvollen Fremdwort beschreiben: Sie ist paradox. Paradoxa wurden von den Stoikern berühmt gemacht.

Bei einem Paradoxon handelt es sich um eine Feststellung, die dem Normalverständnis von dem, was richtig und vernünftig ist, zwar zuwiderläuft – aber dennoch birgt sie eine tiefere Wahrheit. Interessanterweise haben alte Konversationslexika das Wesen eines Paradoxons gern mit Beispielen aus der Welt des Geldes erklärt.

Pierer's Universal-Lexikon, das der herzoglich-sächsische Major a. D. Heinrich August Pierer in den 1840er-Jahren publizierte, nennt als Beispiel den Satz: »Er hatte das Unglück, reich und vornehm zu sein.« Die *Penny Cyclopedia*, die zur gleichen Zeit von der »Society for the Diffusion of Useful Knowledge« (Gesellschaft für die Verbreitung nützlichen Wissens) in England herausgegeben wurde, zitiert den stoischen Satz: »Nur der weise Mann ist reich.«

Donald Trump ist reich, aber er ist nicht weise, vornehm ist er schon gar nicht; und das alles hält er nicht für ein Unglück. Trotzdem wird seine Rede paradox genannt. Der *International New York Times* fiel es auf: Am 28. Februar hielt Trump eine Ansprache, die allgemein als gelungen eingestuft wurde. Zur Abwechslung hatte er genau das vom Teleprompter abgelesen, was seine Redenschreiber ihm aufgeschrieben hatten. Da verkündete er, Amerikas Politiker müssten alles Parteigezänk hinter sich lassen. Kurz zuvor hatte er freilich Nancy Pelosi, die angesehene Vorsitzende der demokratischen Fraktion im amerikanischen Repräsentantenhaus, als »inkompetent«

abqualifiziert. Die *International New York Times* fand das »paradox« – die Zeitung war zu vornehm, Trumps Einlassung verlogen oder heuchlerisch zu nennen.

Ein echtes Paradoxon hingegen fand Philip Stephens, ein Kolumnist der *Financial Times*. Auf seine Beobachtung war er zu Recht stolz, weshalb er ihr einen Namen verpasste: Er nannte sie »das Corbyn-Paradoxon«. Damit meint er Folgendes: Jeremy Corbyn ist altbacken-ideologisch und unfähig, sodass die Labour Party unter ihm als Oppositionspartei nicht wahrnehmbar ist.

Und doch ist Corbyn ein über alle Maßen einflussreicher Politiker. Wie ist das möglich? Ganz einfach: Weil die Labour-Partei in der Brexit-Debatte so gut wie mucksmäuschenstill ist, weil sie nicht einmal das Argument vorbringt, dass europäische Sozialstandards den menschenfeindlichen Auswüchsen der Globalisierung entgegenwirken, muss Theresa May machen, was ihr EU-feindlicher Parteiflügel will.

Weil die Labour-Partei sich in diese Debatte nicht einmischt, kann Theresa May nicht den goldenen Mittelweg oder auch nur irgendeinen Mittelweg suchen. Ziemlich sicher ist, dass der sogenannte harte Brexit, wie er nun angeleiert wird, zur Erhöhung der Lebenshaltungskosten in Britannien führen wird. Das trifft die Armen mehr als die Reichen. Den Hartgesottenen in der Tory Party ist das egal, weil sie wohlhabend genug sind und sich an der Splendid Isolation Britanniens ohne Dreinreden aus Brüssel erfreuen wollen. Jeremy Corbyn, Fürsprecher der Armen und sozial Abgehängten, hat offenbar nicht begriffen, in welcher Zeit er lebt. Sein Nichts-Tun, sein Nichts-Sagen macht Corbyn zu einem äußerst einflussreichen Politiker. Das ist das Corbyn-Paradoxon. Ein weiteres besteht übrigens darin, dass ausgerechnet die *Financial Times* dieses festgestellt hat. Als linkes Kampfblatt war sie bisher nicht bekannt.

Noch ein anderes Paradoxon hat Hans-Werner Sinn entdeckt, der frühere Chef des Ifo-Instituts in München: Er ist ein Freund des Freihandels – so wie die britischen Tories. Und seiner Ansicht nach wird es dem Freihandel nur nützen, wenn Menschen in Europa eben nicht die Möglichkeit haben, mühelos von einem Land in ein anderes umzuziehen, um dort zu arbeiten: »Ohne Wanderungen ergeben sich nämlich größere Abweichungen zwischen den Lohnstrukturen der Länder als mit Wanderungen.« Und wo billiger produziert werde, könne ein Land eben auf dem Markt besser bestehen. Das klingt einleuchtend, ist aber paradox: Die verfügbaren Zahlen belegen, dass Wanderung allen Volkswirtschaften hilft. Paradox ist es auch, weil die EU gegründet wurde, um Kriege jeder Art, und seien es Handelskriege, zu vermeiden.

24. März 2017

P.S. Wegen seiner unklaren Haltung zu antisemitischen Attitüden unter Labour-Leuten wurde Corbyn im Herbst 2020 vorläufig aus der Partei und der Fraktion ausgeschlossen.

Klassengesellschaft

Britannien ist ein wohlhabendes Land. Aber die Austeritätspolitik der vergangenen Jahre hat die Armen abgehängt. Wie lebt man in Armut? Der schottische Autor Darren McGarvey erklärt es. Nebenbei erklärt er auch, warum so viele Briten für den Brexit stimmten.

In den Neunzigerjahren hatte Britannien sich zu »cool Britannia« hochgespielt, womit allerdings vor allem London gemeint war. Wer damals gedacht hatte, mit der englischen Klassengesellschaft gehe es zu Ende, befand sich im Irrtum. Sie hat lediglich Turnschuhe angezogen. Britannien wurde nicht so durchgerüttelt, wie es die Deutschen nach den Niederlagen in zwei Weltkriegen erlebten. In England ist die Unterteilung in Klassen immer noch lebendig – besonders bei den Bürgern, die keinen Platz in der schicken oder sogenannten guten Gesellschaft haben.

Nicht zufällig also ist ein exzellentes Buch über Armut von einem Briten verfasst worden: *Poverty Safari*. Der Autor, Darren McGarvey, will erklären, warum die britische Unterschicht wütend sei. Das Buch wurde preisgekrönt, es wurde ein Bestseller in Britannien und erklärt nebenbei, warum so viele Briten gegen ihre wirtschaftlichen Interessen für den Brexit stimmten.

Angeblich ist die Weihnachtszeit dazu da, die Christen an das Gute in sich und in der Welt zu erinnern. Viele erinnern sich vor allem an das Schlechte, das sie erlebt haben. An Weihnachten gibt es mehr Selbstmorde, mehr Gewalttaten und mehr Herzinfarkte als an anderen Tagen. Wer sich in der eigenen Haut halbwegs passabel fühlt, spendet in den Weihnachtstagen Geld für jene, denen es nicht gut ergeht: für Kranke, für Arme.

Von Armen handelt McGarveys Buch, das auf seiner Erfahrung basiert, einer Kindheit in einem verlorenen Viertel von Glasgow. Sein Vater war Geringverdiener, seine Mutter Alkoholikerin, und im Suff schlug sie ihren kleinen Sohn. Über Jahre hin wurde ihm eine wichtige diplomatische Lehre eingeprügelt: Er lernte, die Aggressivität seiner Mutter einzudämmen, indem er einen sechsten Sinn für ihre jeweilige Stimmung entwickelte.

Er lernte, nicht zu sagen, was er dachte; er sagte nur, was seine Mutter hören mochte. Vielleicht auch deshalb erwarb er sich sprachliche Ausdruckskraft; seine Aufsätze auf der Schule waren gut, und er begann zu rappen. In jungen Jahren wurde er vom BBC-Radio entdeckt: Da war einer, der zwischen der Unterschicht und den besser Situierten vermitteln konnte. McGarvey bemerkte aber bald, dass es der BBC nicht um ihn und sein Talent ging, sondern bloß um einen sprachkräftigen Vertreter der Unterschicht. Er soff, nahm Drogen, wurde Alkoholiker, war obdachlos, fand Hilfe bei staatlichen Stellen. Heute ist McGarvey Mitte dreißig. 2015 war er der erste »Rapper-in-Residence« bei einer Gewaltpräventionseinheit von Schottlands Polizei. Jetzt hat er eine Familie. Für sich, seine Geschwister, seine Familie und alle hat er sein Buch geschrieben.

Wer arm ist, steht ohne Pause unter Stress, was das konzise Denken konstant behindert. Jeden Tag aufs Neue stellt sich die Frage, wie es weitergeht, woher das Essen kommen soll. Man muss Ämter aufsuchen, Formulare ausfüllen, die Bedürftigkeit immer wieder neu begründen. Das ist demütigend. In

Britannien wurde 2008 ein Gesetz erlassen, dessen Kern McGarvey so beschreibt: Eine alleinstehende Mutter bekomme staatliche Unterstützung für ein drittes Kind nur, wenn sie glaubhaft machen könne, dass dieses dritte Kind bei einer Vergewaltigung gezeugt wurde.

Die Austeritätspolitik der britischen Konservativen hat ihrem Land übelgetan. Man schielt nach dem Verhältnis zwischen Bruttosozialprodukt und staatlicher Schuldenaufnahme. Wie die Menschen die Ausdünnung des Sozialstaats vertragen, ist dabei ziemlich einerlei. Frühere Politiker der Tory-Partei verstanden sich als Vertreter der ganzen Nation. Mittlerweile ist die Idee verbreitet, ein Minister müsse sich wie ein CEO verhalten, der sein Unternehmen an die Börse bringen will.

Die Wut all jener, die dabei zurückgelassen werden, ist ziemlich groß und speist sich auch aus dem Umstand, dass sie sich von den Politikern nicht mehr angesprochen fühlen. Sie gehen nicht mehr zur Wahl. Deshalb, schreibt McGarvey, sprechen die arrivierten Politiker aller Parteien vornehmlich zu besser situierten Schichten, deren Angehörige wählen gehen. Der Teufelskreis ist damit geschlossen.

Hilfsorganisationen, die sich um Arme kümmern, helfen laut McGarvey wenig: »Dieser Sektor, dazu gehören die Künste, die Medien, Wohlfahrtsorganisationen und andere, benimmt sich wie eine Imperialmacht. Arme Gemeinden werden als primitive Kulturen betrachtet, die modernisiert, auf die Reihe und auf Vordermann gebracht werden müssen.«

An sich, schreibt McGarvey, sei die Idee des Forderns und Förderns ja gar nicht schlecht; nur dass sie halt über die Köpfe der Leute hinweg in die Tat umgesetzt werde – als könnten Menschen nicht selbst denken, nur weil sie arm sind. Überhaupt würden soziale Probleme so kompliziert erörtert, dass weniger gebildete Bürger nicht mehr mitkommen. Allzu oft würden gesellschaftliche Übel »unsichtbaren Kräften oder Strukturen« zugeschrieben. Die Angehörigen der Unterschicht blieben außen vor, seien in das, was dann »Diskurs« genannt werde, nicht einbezogen. Das störe die Leute, schreibt er, und deshalb fühlten sie sich auch von wohlmeinenden Initiativen wenig angesprochen.

Die Pro-Brexit-Kampagne warb mit dem Slogan »Take back control«. Was immer der intelligente, ruchlose Selbstdarsteller und Ex-Außenminister Boris Johnson damit meinte: Bei den Wählern kam das an. Menschen wollen Kontrolle über ihr Leben haben. Psychologen nennen das »Selbstermächtigung«. Hätte man mit demselben Slogan ein Referendum über die Abschaffung der repräsentativen Demokratie oder der Gravitationskraft des Mondes anberaumt, wären sicherlich viele Wähler aller Schichten und Klassen dafür gewesen.

14. Dezember 2018

Pro Brexit

Sonder Zahl sind die Untersuchungen, die ergeben, dass der Austritt Großbritanniens aus der EU allen Beteiligten schaden wird, zuallererst dem Vereinigten Königreich. Aber einer, der klug und kein Demagoge ist, spricht sich trotzdem dafür aus. Ein Treffen mit Lord Salisbury.

Der Brexit ist eine Gefühlssache: Das meinen viele Deutsche, vor allem jene, die etwas für England übrighaben. Jenseits des Ärmelkanals, so die verbreitete Meinung, herrsche eine insulare Mentalität, in der ein bautechnisches Argument aus dem 17. Jahrhundert – »Mein Zuhause ist meine Burg« – sich verbindet mit maritimen Betrachtungen, wie schon Shakespeare sie äußerte: Er pries »dies Kleinod, in die Silbersee gefasst, die ihr den Dienst von einer Mauer leistet«.

Deshalb, so denken viele EU-Freunde, habe eine gute Mehrheit der Engländer sich von verantwortungslosen, elitären Gutverdienern, die als Politiker auftreten, einen Bären aufbinden lassen und glaubten alles, was ihnen versprochen wurde: Wenn das Vereinigte Königreich nicht mehr netto in die EU einzahlen müsse, würde unendlich viel Geld eingespart, das dann dem Gesundheitsdienst zugutekommen werde; endlich frei von der EU, werde das Land viel bessere Handelsbeziehungen mit aller Welt aufbauen können. Das war – von Anfang an ersichtlich – teils lügenhaft, teils unfundiertes Zukunftsgesumse. Vor die naheliegende Wahl gestellt, ob die

Engländer ihren Verstand verloren haben oder emotional-national sind, wählen Anglophile das Zweite.

Rein gefühlsmäßig zu entscheiden, kann sich Robert Gascoyne-Cecil, der siebte Marquess of Salisbury, nicht leisten: Er besitzt ausgedehnte Ländereien in England samt mehr als 40 000 Schafen; sein Hauptgeschäft ist die Bewirtschaftung etlicher Immobilien in London und anderswo. Ihm gehören etliche Häuser um Londons Leicester Square, die er zusammen mit dem Platz hat aufmöbeln lassen. Außerdem besitzt er mehr als ein historisches Landpalais. Der Öffentlichkeit zugänglich ist Hatfield House, von dem einige Bauteile aus den 1480er-Jahren noch stehen, der Rest wurde zusammengeklopft, um Anfang des 17. Jahrhunderts einen Neubau zu errichten. Elizabeth I. wurde in Hatfield House großgezogen und empfing ebendort 1558 die Nachricht, sie werde nun Queen. Da muss das Dach natürlich in Schuss gehalten werden. Also: Lord Salisbury schaut aufs Geld. Und trotzdem ist er für den Brexit.

Das Treffen mit ihm findet statt in seinem Stadthaus in London. Die Einrichtung ist nicht pompös im Empire-Stil, sie ist englisch-alt und gediegen-elegant. Drei Hunde kommen zur Begrüßung: ein großer, ein mittelgroßer und ein kleiner kuscheliger. Was Europa angeht, hätte der Lord lieber die kleine Variante gehabt, nämlich, wie er sagt, »Europa à la carte«. Schon als er noch gewählter Tory-Parlamentsabgeordneter im Unterhaus war, hat er 1975 gegen Großbritanniens Beitritt zur EG gestimmt.

Wo die EU nun aber besteht, argumentiert er, besser wäre es gewesen, den Staaten vorzuschlagen, bei welcher Initiative sie mitmachen wollen: »Wissenschaft, Verteidigung, ach, fast alles: Darüber hätten die Länder, die mitmachen wollen, sich verständigen können.« Was ihm missbehagt, ist die »Top-down-Demokratie, dieses napoleonische Gebilde«. Damit spielt er an auf Frankreich und seinen Präsidenten Macron: Der wolle sein Land in Wahrheit nicht reformieren, seine Europa-Politik ziele bloß darauf ab, Frankreich von Deutschland und anderen Ländern alimentieren zu lassen.

Lord Salisbury spricht, als wenn er eben das neue Buch des akklamierten Historikers Peter Frankopan gelesen habe. Es heißt *Die neuen Seidenstraßen*. Frankopan legt dar, dass vor 1000 Jahren die Mitte der Welt im asiatischen Raum gelegen habe. Was seither an Macht und Einfluss vom Westen übernommen wurde, werde nun zurückgeholt. Darauf müsse sich die westliche Welt einstellen. Entsprechend denkt Robert Gascoyne-Cecil, dass nach der ersten Industriellen Revolution um 1800 nun eine zweite, eine digitale Revolution im Gange sei. Und die EU ist seiner Ansicht nach nicht in der Lage, die Herausforderungen aus dem asiatischen Raum zu meistern. Deshalb müsse Großbritannien die Anker zur EU lösen, um sich frei flottierend bewegen zu können: »Dann kann Originalität Funken schlagen. Mit der EU sind wir in einer Sackgasse.«

Der britische Außenminister Jeremy Hunt hat neulich der BBC schlankweg erklärt, Großbritannien sei eine »globale Macht«. Lord Salisbury für seinen Teil will gar keine globale Macht vertreten. Seine Vorfahren kamen aus Wales: »Im Mittelalter waren wir Gangster. Wir kamen aus Wales, quasi im Tross von Heinrich VII., im 15. Jahrhundert nach London, um uns dort besser zu stellen.« Was er will: Sein Land soll frei wirtschaften können, ohne Rücksicht auf Auflagen der EU.

Lord Salisbury konzediert, dass die EU gar nicht allzu viel Einfluss auf britische Belange genommen habe. Die Einwanderungspolitik wurde von der EU bestimmt – was dazu geführt hat, dass Leute aus osteuropäischen Ländern kamen, die machen, wozu kein Brite mehr Lust hat: Erntearbeit für wenig

Lohn zum Beispiel. Der Lord sieht das auch so. Ein anderer Punkt: Ohne die Wettbewerbsvorschriften der EU wäre womöglich die britische Regierung auf die Idee gekommen, marode Unternehmen von staatlicher Seite über Wasser zu halten. Auch dem stimmt Lord Salisbury zu.

Auf die Frage, wie der Lord sich Großbritanniens Zukunft vorstellt, sagt er: Das Land müsse steuertechnisch mit anderen Ländern konkurrieren, sodass Unternehmen sich im Vereinigten Königreich ansiedeln mögen. Er votiert für den internationalen Wettkampf in der Sparte: Wo werden die wenigsten Steuern fällig? Ob das den normalen Beschäftigten etwas bringt und ob das langfristig eine gute Idee ist? Man mag es bezweifeln.

17. Mai 2019

Frustrierte Ermattung

Die britische Brexit-Premierministerin Theresa May tritt zurück. Viel zu spät. An Verblendung steht May ihrem Vorgänger David Cameron nicht nach. Ein großer Teil der Bevölkerung hat den Eindruck, sich auf Politiker nicht verlassen zu können. Das war aber schon immer so.

In den Achtziger- und Neunzigerjahren blickten britische Kommentatoren mitleidig auf die Bundesrepublik herab: Die schilderten sie als Land, wo die Einwohner gleich nach der Morgendusche Asche auf ihr Haupt schütteten wegen der Shoah und wo die Regierung um des lieben Friedens willen im Rahmen der EG und dann der EU Frankreich nach dem Munde rede. Heute lamentieren nicht nur deutsche Kommentatoren, Britannien befinde sich in einer Identitätskrise.

In seinem neuen Buch *Heroic Failure* (»Gewaltiges Scheitern«) hat der irische Journalist Fintan O'Toole dem Nachbarland aufs Köstlichste heimgeleuchtet. Er meint, dass die Briten nur dann zufrieden seien, wenn sie sich als Opfer sehen könnten, die sich – wie im Zweiten Weltkrieg – großer Bedrängnis erwehren müssten: So werde heute die EU zu dem stilisiert, was einst die deutsche Wehrmacht war. Die These ist amüsant, aber nicht völlig hinreichend. Bei aller Pflege der Zweiter-Weltkrieg-Folklore: Damit allein lässt der Brexit sich nicht erklären.

Die Höhe des Bruttosozialprodukts und die Außenhandelsbilanz sind bekanntlich Ziffern, die ganz normale Bürger nur indirekt betreffen. Das gilt zumal für Britannien. Margaret Thatcher und ihre Nachfolger hatten die Industrie abgebaut und auf den Finanzsektor sowie überhaupt jede Art von Dienstleistung gesetzt. Das ergab Arbeitsplätze in London und dem Südosten Englands. Alle übrigen Bürger konnten sehen, wo sie blieben.

Die *Financial Times*, die grundsätzlich für den Freihandel votiert, konstatierte vor einem Jahr: Wenn denn schon der Zuzug von Ausländern mit dem Brexit verhindert werden solle, dann habe das zumindest einen Vorzug: Krankenschwestern und Altenpfleger hätten künftig bei der Einstellung eine bessere Verhandlungsbasis. Mangels auswärtiger Billigkräfte könnten sie vielleicht Löhne erwirken, die es ihnen erlaubten, die hohen Mieten an Orten wie London zu zahlen. Auf dem Tech-Sektor ist Britannien heute ziemlich gut und zieht Investoren an. Mit ein wenig vernünftiger Industriepolitik sollte es möglich sein, Start-ups dazu zu bringen, sich im Norden des Vereinigten Königreichs und in Wales anzusiedeln.

Der Brexit, das ist so gut wie ausgemacht, wird für alle Beteiligten auf wenigstens die kommenden zehn Jahre nur Nachteile bringen. Frankreich hat sich angeblich schon fit gemacht für die Schlangen von Lkw, die in Calais abgefertigt werden müssen, wenn sie die Fähre nach Dover nehmen. Nahe Dover soll, so ein Vorschlag, ein Teilschwanz der Autobahn nach London dafür eingerichtet werden, die Lkw, die durch den Zoll müssen, abzufertigen. Die freudige Prognose der Fachleute: Bis Anfang der 2020er-Jahre könne man das hinbekommen.

Wenn Großbritannien die EU kühl verlässt, muss das Land im Umgang mit der EU nach den Regeln der Welthandelsorganisation verfahren. Da gibt es dann keine Sonderklauseln mehr. Die Befürworter des Brexit meinen, Britannien könne dann – von der EU nicht behindert – lukrative Handelsabkommen mit anderen Ländern treffen. Interessanterweise sind diese Länder – Kanada, Indien, Australien vorneweg – frühere Kolonien oder Dominions des Britischen Empire. Nun ja. Diese Länder liegen weit weg von dem einstigen Souverän. Dort will man Geld verdienen. Britannien hat 66 Millionen Einwohner. Die EU ohne Britannien hat 450 Millionen Einwohner. Frage: Wo werden Firmen dieser Länder wohl Dependancen einrichten, im Vereinigten Königreich oder auf dem Kontinent?

Die Brexit-Freunde meinen, Großbritannien könne ein legales Steuerparadies werden, ähnlich wie Irland. Für die Iren war damit wenig gewonnen. Genützt hat es nicht bloß Giganten wie Apple, sondern auch Hausbesitzern auf dem Kontinent, die sich um die Versteuerung ihrer Immobilie drückten, indem sie in Irland eine Firma gründeten und ihr Haus über diese Firma laufen ließen.

Derzeit gibt es in Britannien noch keinen Aufstand der Gelbwesten, wie er in Frankreich zu erleben gewesen ist. Die Briten – mögen sie aus Liverpool stammen oder aus Pakistan – erwarten nicht allzu viel vom Staat. Die meisten wollen einfach nur in Ruhe leben. Blau-weiß-rote Demonstrationen oder solche mit Blau und gelben Sternchen hin oder her: Die Brexit-Debatte geht den meisten Briten mittlerweile auf die Nerven. Die Streitereien im Unterhaus, wo die Politiker sich offensichtlich vor allem für die eigene Karriere und ihre Partei interessieren, haben zu frustrierter Ermattung geführt.

Wie kam es zum Brexit? Fintan O'Tooles These genügt nicht. Hilfreich ist ein Buch von Jens Kersten, Claudia Neu und Berthold Vogel: *Politik des Zusammenhalts. Über Demokratie und Bürokratie.* Mit Bezugnahme auf den Soziologen Niklas Luhmann präsentieren die Autoren ein charmantes Paradox:

Die Bürokratie stört jeden. Und ebendeshalb sei sie für den Zusammenhalt einer Gesellschaft vorzüglich. Die Bürokratie ermögliche es den Bürgern, »für sie negative Verwaltungsentscheidungen zu akzeptieren, ohne dagegen protestieren zu müssen – etwa nach dem Motto: ›War eine typisch bürokratische Entscheidung. Da lässt sich nix machen.‹«

Der unterschwellige Frust, der damit einhergeht, ist aber abrufbar. Genau das haben die Brexiter mit ihrer Kampagne gemacht. Millionen wurden ausgegeben, um den Leuten beizubringen, dass sie unzufrieden sind mit der EU – mit der EU, die nur minimalen Einfluss auf das Leben der Briten hat. Nach dem Brexit wird das Pfund enorm an Wert verlieren. Und das werden die Leute merken; sie werden nicht profitieren, sie werden verlieren. Es ist eine traurige Geschichte.

31. Mai 2019

4
China

Ungefähr 500 Jahre vor der Zeitrechnung hat der chinesische
Militärstratege Sunzi Weisungen gegeben, wie man im Krieg
vorgehen solle: Vorzuziehen sei eine friedliche Einigung, aber
im Fall der Fälle müsse man wissen, was der Gegner im Schil-
de führe, und entsprechend reagieren: Der kopflose Angriff
sei weniger ratsam als kluge Verteidigung, die mit der ihr eigenen Kraft den Gegner zermürben oder zerstören werde.

Der Westen hat dieses Buch von Sunzi Ende der 1990er-
Jahre entdeckt. Mittlerweile ist China eine wichtige Macht im
Weltwirtschaftsgeschehen. Im Westen kam man dann auch
darauf, dass die Führung der Chinesischen Kommunistischen
Partei sich auf Ideen von Konfuzius berufe. Das ist nicht falsch,
ist aber sehr simpel gedacht, weil die Westler eine komplexe
Entwicklung auf den Punkt bringen wollten. Mit Sunzi und
Konfuzius erklären, wie die Kommunistische Partei das Land
regiert: Ei, wie schön überschaubar es damit würde.

Die Chinesische Kommunistische Partei denkt – anders
als im Westen üblich – nicht im Hinblick auf eine binnen Kur-
zem anstehende Wahl. Die Beteiligten an der Spitze planen
weit voraus, und dafür brauchen sie heute weder Sunzi noch
Konfuzius. Was diese beiden Theoretiker dachten: Das haben
chinesische Funktionäre im Rucksack. Sie können ihn ablegen
und sich korrumpieren lassen. Sie können aber auch Lieder

von Beyoncé zitieren und außerdem an der Aufrechterhaltung der Staatlichkeit dieses großen Landes arbeiten.

Die Führung der KP Chinas sieht es zuallererst als ihre Aufgabe, das Riesenreich mit seinen rund 1,4 Milliarden Menschen zusammenzuhalten – was zum Beispiel viele der ungefähr vierzehn Millionen vornehmlich muslimischen Uiguren auf fürchterliche Weise erleben, bloß weil aus deren Mitte einige Attentate verübt wurden. Beijings unsägliches Vorgehen gegen die Protestbewegung in Hongkong ergibt sich nicht zuletzt aus dem Handelsstreit, den die USA entfacht haben. Das Gleiche gilt für Chinas Politik gegenüber Taiwan, das von den USA in ostentativer Manier mit Waffen beliefert wurde.

Zur Politik Beijings gehört nun aber auch, und das ist langfristig gedacht: sich um Umweltschutz kümmern, dem Klimawandel begegnen, sodass die Menschen in den großen Städten wieder den Himmel sehen. Und die Volkswirtschaft so forttreiben, dass die Bürger genug Geld haben, um zu kaufen, was sie brauchen.

Altes neues China

Im 18. Jahrhundert fanden die Europäer China faszinierend. Im 19. Jahrhundert beuteten sie das Land aus. Im 20. Jahrhundert suchte der Westen China gegen die UdSSR auszuspielen. Derzeit gilt China als polit-ökonomischer »Systemrivale«. Die Zentralregierung in Peking kann allerdings nicht mehr wie einst in allen Bereichen des gesellschaftlichen Lebens durchregieren: In gewissem Maße muss sie Rücksicht nehmen auf die Anliegen der bei allem Patriotismus oftmals enttäuschten und protestierenden Bürger. Die chinesische Zentralbank freilich kann ziemlich unbehelligt agieren.

Mitte der Siebzigerjahre wurde an Hamburger Gymnasien ein Erdkundebuch ausgegeben. Das lehrte die Schüler, dass die Wirtschaftspolitik des »Großen Sprungs nach vorn« von 1958 bis 1961 in China zu einer begrüßenswerten Modernisierung geführt habe. Und auch die »Kulturrevolution«, die Mao Zedong 1966 anberaumte, vermutlich als Maßnahme zur Machtsicherung, kam ziemlich gut weg.

Der »Große Sprung« sah vor, dass Ernteerträge für den Export eingesammelt wurden. Zur Produktion von Stahl mussten Dorfbewohner ihre – für diesen Zweck ungeeigneten – metallenen Kochkessel abgeben. Letzteres war nur konsequent, weil sehr viele ohnedies nichts hatten, was sie hätten kochen können. Bei der Hungersnot von 1959 bis 1961 starben so viele Menschen, dass man ihre Seelen nicht zählen kann. Die höchste geschätzte Zahl beläuft sich auf 55 Millionen. Die dann folgende Kulturrevolution brachte Hunderttausende um ihr Leben und Abermillionen um ihre Heimat, ihre Familie und ihre Würde. All das war den Verfassern des erwähnten Erdkundebuchs offenbar nicht bekannt.

Der Sänger und Dichter Wolf Biermann war damals in Ostberlin hinter der Mauer besser informiert. 1974, als er noch ein linker Kritiker der herrschenden Zustände war und nicht ein Kritiker seiner eigenen früheren Überzeugungen, trug er das Lied vor »In China hinter der Mauer«. Es bezieht sich auf die Kulturrevolution, die erst 1976 nach Maos Tod beendet wurde. Da singt Biermann: »Wo wird das Volk wie Vieh regiert, verdammt, entmündigt und kassiert, damit es schuftet und pariert? Und wo liegt auf der Lauer der Bürokratenschutzverein, sperrt gute Kommunisten ein, wenn sie nicht Halleluja schrein? In China, hinter der Mauer.« Biermann sang damals auch von Maos Konterfei: »Sein Foto findet man en gros, in jeder Zeitung sowieso und dann auch auf jedem Klo.«

Umso interessanter ist es, dass Mao einmal auf den Personenkult verzichtete: Den Vorschlag, auf den chinesischen Banknoten solle sein Konterfei abgebildet werden, beantwortete er mit den Worten: Er sei der Vorsitzende der Kommunistischen Partei, nicht der Regierung, daher sei es unpassend, sein Bild auf die Geldscheine zu setzen. Diese Episode erzählt der in den USA lehrende indische Ökonom Eswar Prasad in seinem Buch über die chinesische Währung Renminbi (*Gaining Currency. The Rise of the Renminbi*, 2017).

China wird, je nach Stimmung der Autoren, hochgeredet oder kleingeredet. Mal werden die industriellen, kolonisatorischen Absichten des Staates beklagt. Da ist China dann die große Bedrohung, was an frühere Epochen erinnert, als von der »gelben Gefahr« die Rede war. Mal wird beklommen gefragt, was denn aus der Weltwirtschaft werden soll, wenn der Renminbi immer mehr an Wert verliert und die chinesische

Wirtschaft stagniert. Die Sammlung der Expertenmeinungen der vergangenen Jahre ergibt ein Tohuwabohu.

Eswar Prasad blickt ohne Übertreibung in diese oder jene Richtung auf China. Er macht es anhand seiner Geschichte des Renminbi. Das Wort heißt auf Deutsch: »Geld des Volkes«. Als die ersten Geldscheine 1949 vorlagen, war Mao begeistert: »Endlich hat das chinesische Volk eine Armee, eine Regierung, sein eigenes Land, und jetzt hat es seine eigene Bank und eine eigene Währung.«

Die Frage heute lautet: Wird der Renminbi international so stark werden wie der Dollar? Wird er womöglich den Dollar als Leitwährung eines Tages ersetzen? Es hängt davon ab, ob es Rechtssicherheit gibt und ob China seinen Kapitalmarkt öffnet. Derzeit geht ein Risiko ein, wer sich auf den Renminbi verlässt. Und es gibt jede Menge Restriktionen; die Regierung hat Maßnahmen ergriffen, um die Kapitalflucht aus China einzudämmen. So gut wie alles Öl wird in Dollar gehandelt. Deshalb lautet die Antwort: So schnell wird das nicht kommen. Interessant ist indes, wie China seine Währung steuert.

2009 oder 2010 begann es, dass die politisch kontrollierte Zentralbank es offen darauf anlegte, den Renminbi zu einer der globalen Währungsreserven zu machen – neben Dollar, Euro, Yen und Pfund Sterling. 2015 war es so weit. Westliche Beobachter fanden das bedrohlich. Laut Prasad lag dem indes weniger Großmannssucht zugrunde als vielmehr Umsicht: Es sei vor allem darum gegangen, Reformen des Finanzwesens zu beschleunigen, um das Wirtschaftswachstum zu fördern. Denn »normalerweise gibt es große Reformen nur, wenn sie im Moment einer Krise unausweichlich werden«. Hier nun habe im Land eine reformfreudige Stimmung geschaffen werden sollen: Ah, unser Renminbi könnte Reservewährung werden, das klingt gut, darauf müssen wir hinarbeiten.

Diese Umsicht der chinesischen Zentralbank ist es andererseits, die dazu führt, dass China hohe Schulden angehäuft hat, die weltwirtschaftlich als gefährlich gelten. Wie kann das sein in Anbetracht der Tatsache, dass andere Länder und vor allem die USA bei China bis über beide Ohren verschuldet sind, während Chinas Schulden im Ausland vergleichsweise niedriger liegen? Prasads simple Antwort: Die Zentralbank hat in Auslandsanlagen investiert, die sicher sind und es erlauben, schnell wieder zu liquidem Geld gemacht zu werden; entsprechend niedrig ist der Zins. Hinzu kommt, dass die Chinesen – wie die Deutschen – eifrig sparen. Und das bedeutet, dass China seine Ersparnisse quasi in die Welt exportiert.

Die Welt wartet, wer auf dem Parteikongress der chinesischen KP, der am 18. Oktober beginnt, zum neuen Führer gewählt wird. Übrigens: Seit 1999 ist Maos Konterfei auf den chinesischen Banknoten zu sehen. Das erschien nötig, weil jeder Mao kennt – damit soll Fälschungen vorgebeugt werden.

29. September 2017

Konfuzius' Arbeitsethos

Warum Chinesen so unglaublich schnell und viel arbeiten: Mit den Lehren des Kong Fuzi, wie er auf Chinesisch heißt, hat das wenig zu tun, sondern mit Kaufmannstradition und der Selbstausbeutung der Arbeiter.

Vor drei bis vier Wochen, als niemand wusste, wie gefährlich das Coronavirus sein könnte, haben einzelne chinesische Städte sich vorsorglich abgeriegelt. Warum? In Wuhan, dem Epizentrum der Epidemie, wurde binnen zehn Tagen ein erstes Krankenhaus für Infizierte errichtet. Das sollte möglicherweise weniger den Erkrankten helfen, sondern vor allem der Welt demonstrieren, dass China der Seuche gewachsen sei. Die Überstunden auf der Baustelle aber hat nicht die Regierung absolviert, das waren die Arbeiter. In China herrscht eine Vorstellung von Pflicht, die das sprichwörtliche preußische Ethos in den Schatten stellt.

Ein Einparteienstaat kann organisieren ohne Rücksicht auf die in pluralistischen Demokratien allfälligen öffentlichen Diskussionen. Außerdem sind Chinesen eingeübt in die Vorstellung, dass mitunter sehr schnell und hart gearbeitet werden muss. Kurz bevor die japanische Regierung 1937 noch mehr chinesisches Territorium erobern wollte (die Mandschurei samt ihren Bodenschätzen hatte sie schon 1931 eingesackt), ließ Chinas Guomindang-Führung nicht bloß Waffenfabriken, sondern auch Behörden und sogar Schulen gen Westen verlagern. Eile war geboten. Wuhan gehörte zu den Städten, in denen man ganze Fabriken zerlegte. Teils per Eisenbahn, guten Teils per Boot wurde die Fracht abtransportiert. Wenn per Boot, ging es in der Regel flussaufwärts: Viele Hunderte Männer zogen die schweren Barkassen von Land her. Der allzu früh verstorbene Historiker Lloyd E. Eastman hat diese Aktion von 1937 taxiert: In Wahrheit, so sein Fazit in *The Cambridge History of China* (der Standard-Edition zur Geschichte Chinas), habe die ganze hastige Operation wenig gebracht: Maschinen im Gewicht von lediglich 120000 Tonnen seien transportiert worden – im Krieg eine »geringfügige« Masse, schrieb Eastman.

Gleichwohl war das eine große Leistung, die Chinas Führung denn auch propagandistisch ausschlachtete. Einmal mehr lernten die Chinesen, dass sie, wenn angefordert, sich für das Vaterland ganz ins Zeug legen müssen. Die näheren Umstände dieser Operation von 1937 weiß heute in China kaum ein Mensch, sie hat freilich ihren Abdruck in der allgemeinen Erinnerung hinterlassen. Die meisten Chinesen preisen ihr Riesenreich und tun, was sie als Patrioten beisteuern können.

Mit einem Körnchen Salz darf man sagen: China beeindruckt nicht zuletzt damit, dass die Führung in Peking eifrig daran arbeitet, was der britische Historiker Eric Hobsbawm »Erfindung von Tradition« genannt hat. Genau genommen, handelt es sich nicht um »Erfindung«, sondern um den Rückgriff auf eine einst lebendige Tradition. Auch westliche Betrachter wie zum Beispiel Henry Kissinger sind darauf hereingefallen.

Der 96 Jahre alte Kissinger gilt gleichsam als Orakel der Geopolitik. Wenn er den Mund auftut, ergießt sich die Suada seiner Weisheit. 2011 erschien in deutscher Übersetzung sein Buch *China. Zwischen Tradition und Herausforderung*. Der verstorbene SPD-Politiker Egon Bahr war nach der Lektüre damals im privaten Gespräch hellauf begeistert: Kissinger habe China erklärt, das Denken in dem Land gehe auf Konfuzius zurück. Leider war Kissingers Betrachtung so oberflächlich, dass darob jeder respektable mythologische chinesische Feuervogel (»Fenghuang«) sich sofort in die eigene Asche verkrümeln möchte.

Chinas Führung unter Xi Jinping pflegt den Konfuzius-Kult. Was hat Konfuzius, der 500 Jahre vor der westlichen Zeitrechnung lebte, gelehrt? Hierarchie war für ihn ein zentraler Punkt: Die Lebenden schuldeten den Toten Loyalität, Kinder ihren Eltern, Untergebene den Vorgesetzten. Wer sich dessen bewusst war, konnte frei handeln: Das waren in Konfuzius' Vorstellung die »Edlen«.

Der Historiker Helwig Schmidt-Glintzer hat sich mit den in China eingewurzelten Glaubensrichtungen beschäftigt, mit dem Konfuzianismus, dem Daoismus, dem Buddhismus. Im Besonderen den Konfuzianismus beschreibt er als »innerweltlich«. So eine Ansicht auf die Welt, meint er, möge zwar »gegenüber Providenz-Konzeptionen als mangelhaft erscheinen«. Sie möge »vielleicht aber dann doch wieder Vorteile« haben. Diese Vorteile liegen auf der Hand: kuschen, gut arbeiten. In der kruden Wirklichkeit, so ist zu vermuten, haben Konfuzius und Buddha in China ebenso viel Einfluss wie die katholischen Heiligen in Europa. Die Wirtschaft profitiert von dem Arbeitsethos der Chinesen, die derzeit auf zahlreichen Baustellen in Afrika und asiatischen Ländern tätig sind: Die neue Seidenstraße, offiziell bekannt als »Belt and Road Initiative«, hat mit den Lehren des Konfuzius bloß peripher zu tun, viel mehr indes mit einer geopolitischen chinesischen Tradition: Man betreibt keine Eroberungskriege, man treibt Handel. Das hat China in der frühen Neuzeit so gehalten, und nachdem es das üble 19. Jahrhundert überstanden hatte, als die Briten China den Import von Opium aufzwangen, hat es diese Tradition wieder aufgenommen. Im Zeitalter der Globalisierung und des globalen Freihandels nützt es dem chinesischen Reich, dass es seit jeher nicht auf Krieg, sondern auf Handel gesetzt hat.

China ist dabei, Häfen und Landwege auszubauen, sodass es seine Waren schneller gen Westen bringen kann. Die Länder, die passiert werden, sollen angeblich davon etwas haben, so sagen Xi Jinping und seine Regierung. Aufgewacht ist die Europäische Union, als sich herausstellte: Auf den chinesisch geführten Baustellen in Asien werden vornehmlich Chinesen beschäftigt. Von Teilhabe der Durchgangsstaaten kann kaum die Rede sein. Anzunehmen ist: Die chinesischen Arbeiter auf diesen Baustellen arbeiten schnell und hart, fürs eigene Auskommen, fürs Vaterland.

14. Februar 2020

Schulden made in China

**China hat sich zu einer ökonomischen Großmacht empor-
gerappelt. Und das unter einer Ein-Parteien-Herrschaft,
wovon es im Westen hieß: Niemals könne so ein Land
wirklich florieren. Jetzt aber hat China Probleme, nicht
bloß mit den USA, auch mit seiner Verschuldung.**

Nicht oft kann man erleben, wie es ist, wenn deutsche Diplomaten andeuten, dass sie aufgebracht sind. Neulich bei einer
Einladung des Aspen-Instituts in Berlin kam es dazu. Rund
dreißig Europäer und einige Amerikaner saßen beisammen,
um über China und anderes zu debattieren. Die »Denkfabrik«
Aspen in Washington hat Ableger in sechs Ländern auf dem
Globus, so auch in Berlin. Es galten »Chatham Rules«, was
bedeutet, dass man zwar erzählen darf, was gesagt wurde, es
aber höchst unhöflich wäre, zu berichten, wer was gesagt hat.

Ein Mann aus den Vereinigten Staaten von Amerika führte
das Wort. Was er redete, lässt sich mit der für deutsche Ohren
ungewohnten Schweizer Vokabel »eindrücklich« beschreiben.
Eindrücklich wie ein Stempelaufdruck war nämlich, wie der
Mann seine Botschaft einhämmerte: China stelle eine »Herausforderung« dar, sei ein »Rivale« der USA, strebe nach der
»Hegemonie in Asien« und müsse eingedämmt werden.

Das Fazit des Gastes: »Am besten vermeidet man Krieg,
wenn man stark ist.« Als die anwesenden Diplomaten und
auch die Militärexperten das hörten, war ihnen sachte beklommen zumute. Aufrüstung, einfach bloß um »stark« zu

sein, hatten sie im Portefeuille ihrer Aufgaben nie gehabt. Sie denken: Miteinander sprechen sei noch immer das beste Mittel gewesen, einen Krieg zu vermeiden. Der Amerikaner, der so redete, ist ein Trump-Mann. Er will China samt dem, was man sich im Weißen Haus unter der chinesischen »Agenda« vorstellt, in die Knie zwingen. Anders als alle paar Jahre neu bestellte Regierungen kann die Führung Xi Jinpings langfristig planen. Eine feste Agenda aber gibt es nicht.

Schon zu Maos Zeiten hat man in dem Riesenreich immer mal Ideen für die Förderung der Wirtschaft entworfen, die zunächst in einzelnen Provinzen auf ihre Tauglichkeit hin ausprobiert wurden. Die seit ein paar Jahren in Gang gesetzte Idee von der »Neuen Seidenstraße«, die »Belt and Road Initiative«, folgt diesem Muster. Auch da plant die Regierung nach der Devise: Man kann es ja mal versuchen. Über Land und See sollen die Wege gen Westen für den Export chinesischer Waren vereinfacht werden; die Infrastruktur in afrikanischen Ländern wird ausgebaut, weil es dort Bodenschätze und potenzielle Kunden gibt.

Wenn ein Land sich mit gedankenlos unterschriebenen Verträgen zum ewigen Schuldner macht (Sri Lanka zum Beispiel), fühlt man sich unschuldig in Peking. Wenn ein Land nicht mit ganzer Kraft mitmachen will (wie zum Beispiel Indonesien), wendet man sich halt anderswohin. Mehr als achtzig Länder in Asien, Afrika und Europa (Italien zum Beispiel mag mitmachen) sind an der »Belt and Road Initiative« beteiligt. Die USA sind bei China bis übers Halsgefieder ihres Wappenadlers verschuldet. Falls China seine Guthaben bei den USA eintreiben wollte, gäbe es einen weltweiten Finanzcrash unvorstellbaren Ausmaßes, weshalb man in Peking – im eigenen Interesse und allen Feindseligkeiten vonseiten der USA zum Trotz – davon absieht. Gleichzeitig haben die Schulden

Chinas mittlerweile eine die Experten von der Weltbank bestürzende Höhe erreicht. China hat seit Jahren eine Überproduktion an Stahl, Aluminiumprodukten und anderem. Imposant ist die Zahl der leer stehenden frisch gebauten Hochhäuser. Auch deshalb setzt die Regierung auf die Neue Seidenstraße. Die Bauindustrie muss zu tun bekommen. Das Wirtschaftswachstum des einstigen Entwicklungslandes, das seit den Neunzigerjahren in Wieselschnelle kaufkräftiger wurde, ist auf »miserable« sechs Prozent gesunken. (Die Deutschen rackern derzeit an der Ein-Prozent-Marge, aber das auf hohem Niveau.)

Chinas Schulden wachsen, weil die chinesische Wirtschaft schlecht funktioniert. Die Schulden kommen vornehmlich im Land zusammen. Ausländische Gläubiger können China nichts anhaben, wohl aber könnte die chinesische Wirtschaft implodieren. Woran das liegt, hat der Wirtschaftswissenschaftler Nicholas R. Lardy dargestellt (*The State Strikes Back. The End of Economic Reform in China?*, 2019). Er arbeitet für das von diversen Mäzenen finanzierte, politisch unabhängige Peterson Institute for International Economics in Washington. Lardy beschreibt China als ökonomisch »reifes« Land. Es habe bisher die These westlicher Kommentatoren widerlegt, eine staatlich geführte Wirtschaft könne zwar einen bescheidenen Grad an Wohlstand erreichen, mehr aber nicht. Laut der chinesischen Polit-Ideologie übrigens gibt es Demokratie auch in einem Ein-Parteien-Staat: Auseinandersetzungen würden halt parteiintern ausgetragen.

Unbestreitbare Tatsache ist: China hat es nicht mehr nötig, westliche Fabrikate zu kopieren. In Sachen Computer und Software hat das Land die Nase vorn. Es ist, so Lardy, eine wirtschaftliche »Supermacht«. In Planung sind: Aufbau eines Rentensystems und einer allgemeinen Krankenversicherung.

Chinas Schulden, so Lardy, haben sich seit 2013 angehäuft. Es liege vor allem an Xi Jinpings Direktive »Made in China 2025«. Die legt jeder so aus, wie er es haben möchte. In den Provinzen wird die Schließung von unrentablen Staatsbetrieben vermieden, denn: Verlust von Arbeitsplätzen kommt nicht gut an bei der Bevölkerung. Also unterhalten die zuständigen staatlichen Banken diese Zombie-Unternehmen, also sind diese Banken auf die Unterstützung der Zentralbank angewiesen. So ist es zu Chinas internem Schuldenberg gekommen. Lardy würde der Führung in Peking raten, auf ihre frühere Politik zurückzukommen: private Unternehmen machen lassen, staatliche Unternehmen nicht um jeden Preis unterstützen. Mit der chinesischen Form von »Kommunismus« ist das vereinbar.

28. Februar 2020

»Systemischer Rivale«

Seitdem China wirtschaftlich bedeutsam geworden ist, hegt man im Westen Befürchtungen: Xi Jinping und seine Regierung würden übergriffige Machtfantasien hegen. In der Wirklichkeit hat die Zentralregierung schon im eigenen Land weniger Einfluss, als man es sich im Westen vorstellt.

Erstaunlich erschien es westlichen Beobachtern, dass das Coronavirus einzelne unbetroffene chinesische Städte dazu bewog, sich präventiv abzuriegeln. Das kann man auf zwei Weisen deuten: Entweder zeigte sich da vorauseilender Gehorsam gegenüber der Zentralregierung in Peking, oder es geschah auf eigene Initiative. Eine Betrachtung des Projekts der »Neuen Seidenstraße«, der »Belt and Road Initiative«, gibt eine Antwort auf diese Frage.

Seitdem China ein weltweit führendes Exportland geworden ist, seitdem die chinesische Führung entsprechend selbstbewusst auftritt und 2010 sogar erklärte, den Dollar als globale Leitwährung zurückdrängen zu wollen, sind die US-Regierungen vergrätzt. Pekings Vorstellungen passen nämlich gar nicht zu der in den 1990er-Jahren üblichen Annahme, die von etlichen Akademikern (vorneweg der vormalige US-Sicherheitsberater Zbigniew Brzeziński) wissenschaftlich unterstützt wurde: Der Niedergang der Sowjetunion habe zur Folge, dass im Namen der Demokratie die Hegemonie der USA im Westen nun auch in andere Richtungen hin ausgebaut werden könne und solle.

Schon bevor Donald Trumps chaotische Vulgärpolitik den Eindruck erweckte, der Präsident sei mit dem Klammerbeutel gepudert, kursierten im Weißen Haus Bedrohungsszenarien. Chinas wirtschaftlicher Aufstieg und daraus sich ergebende überzogene Forderungen an die Handelspartner haben die Sorge geweckt, da werde an der amerikanischen Führungsposition in der Welt gekratzt. Weil Trump, anders als seine Vorgänger, auf erfahren-kluge Diplomaten keinen Wert legt, ist von der US-Regierung mittlerweile vor allem Klartext zu hören. China wolle »ein Wirtschaftsimperium werden«, sagte zum Beispiel der Außenminister Mike Pompeo, »und wir werden alles tun, das zu verhindern«. Das klingt so, als sei Pompeo gegen die freie globale Marktwirtschaft, beziehungsweise halte sie nur dann für richtig, wenn die USA profitieren.

Nachdem die Vereinigten Staaten einen Handelskrieg mit China begonnen hatten, folgten die treuen Vasallen: Die EU veröffentlichte im März 2019 ein »Strategiepapier«, in dem sie China zum »systemischen Rivalen« erklärte. Dergleichen ist hilfreich, wenn man irgendwie Druck und schlechte Stimmung machen will; ein weiterer Nutzen dieser Erklärung ist nicht ersichtlich. Nötig erschien sie der EU nicht zuletzt angesichts der Vorhaben im Rahmen der »Belt and Road Initiative«, die bisher den Anschein erwecken, dass China alles nach Möglichkeit allein machen will. Eine Umfrage bei deutschen Unternehmen ergab: Die meisten, auch wenn interessiert, erhalten kaum Kenntnis von geplanten Häfen, Eisenbahnlinien, Flughäfen, Kraftwerken, Staudämmen in Asien und Afrika; sie werden nicht vorab informiert und dürfen sich dann sozusagen die Nase an der Glasscheibe der bilateral verabredeten Pläne platt drücken. Viele westliche Kommentatoren fürchten zudem, Xi Jinpings China wolle nicht bloß ökonomisch triumphieren, sondern auch – in den weiten Ärmeln des Mantels von Konfuzius versteckt – seine undemokratische Ideologie in die Welt exportieren.

Was zur Zeit des Kalten Krieges der zähnefletschende russische Bär, ist heute der sanft sein Gift verträufelnde chinesische Drache, personifiziert von Xi? Nun ja – der Bär wollte in den 1970er- und 1980er-Jahren gar nicht beißen; und der Drache ist damit beschäftigt, seinen eigenen Schwanz einzufangen. Zu denen, deren Recherchen die westlichen Ängste ein wenig mildern könnten, gehören Lee Jones (Queen Mary University of London) und Jinghan Zeng (Lancaster University). Anfang 2019 haben die beiden in der Fachzeitschrift *Third World Quarterly* einen exzellenten Aufsatz veröffentlicht. Auf Deutsch heißt er: »Chinas Road and Belt Initiative verstehen«.

Die »Belt and Road Initiative«, schreiben die Autoren, werde weithin betrachtet als klar umrissene Strategie mit einem Masterplan, der in Peking entworfen und von dort in die Regionen zur Umsetzung durchgestellt werde. Von wegen, sagen die Autoren: Sofern überhaupt von einer Strategie die Rede sein könne, sei sie in diesem Riesenreich unausweichlicherweise unklar. Nicht anders als seine Vorgänger gebe Xi vage Devisen aus, deren Realisierung eine Frage der Auslegung ist. Was im Westen als eine Reihe von Kampfansagen aufgefasst wird, kommt in Chinas Provinzen nicht selten bloß als unverbindliche Empfehlung an. In Peking ist man nachgerade daran gewöhnt, dass Vorgaben der Zentralregierung bei allerlei regionalen Instanzen versuppen: »Nachgeordnete Akteure können die Zentralpolitik beeinflussen, interpretieren oder sogar komplett ignorieren.« Was schließlich entsteht, schreiben Jones und Zeng, habe mit Pekings Absichten oftmals nicht viel zu tun, bis dahin, dass die staatliche Außenpolitik »unterminiert« werde.

Da sind die »leading small groups«, kleine organisatorische Einheiten, die von der Kommunistischen Partei in Peking oder vom Staatsrat eingesetzt werden, um wolkige Worte des Staatspräsidenten in die Praxis umzusetzen; im Kampf um Bedeutung und Finanzierung arbeiten diese »leading small groups« gern gegeneinander. Das Gleiche gilt für die staatlichen Unternehmen. Lokalregierungen wollen Arbeitsplätze bewahren, weshalb sie von den lokalen staatlichen Banken erwarten, dass die auch noch das kaputteste Zombie-Unternehmen über Wasser halten. Dann sind da die Provinzgouverneure, die »quasi-autonom« internationale Verträge abschließen. Wie um das Kompetenzgerangel abzurunden, verfügt auch die Armee über beachtlichen wirtschaftspolitischen Einfluss.

Wen will es da noch wundern, dass unter dem Rubrum BRI mal hier ein Hafen gebaut wird und dort eine Eisenbahn, ohne dass diese Projekte zum durchdachten Ausbau von Handelsrouten beitragen? Peking ist nicht allmächtig, das gilt sogar für den Umgang mit dem Coronavirus.

13. März 2020

West-östlicher Zwist

Donald Trump hat mit seiner Personalpolitik bewirkt, dass er zunehmend ohne kluge Berater dasteht. Das Missverhältnis mit China ist aber nicht seine Erfindung. Schon seine Vorgänger fürchteten, das Land könnte die globale Vormachtstellung der USA untergraben.

Der US-Präsident Richard Nixon sagte Anfang der 1970er-Jahre im privaten Gespräch mit seinem Sicherheitsberater Henry Kissinger, er wolle gegenüber der Sowjetunion wirken, wie wenn er völlig unberechenbar sei, irre, ein »madman«, jederzeit bereit, einen Atomkrieg auszulösen. Das würde Angst schüren und den USA helfen, ihre strategischen Interessen im Kalten Krieg durchzusetzen. Derzeit sitzt im Weißen Haus jemand, der tatsächlich unberechenbar ist. Das hat allerdings den Effekt, dass Donald Trumps Twitter-Meldungen weltweit bloß mit Kopfschütteln wahrgenommen werden; beruhigend ist lediglich, dass Trump an einem dritten Weltkrieg offenbar nicht interessiert ist.

Die USA mit ihren 330 Millionen Bürgern sind nach wie vor die stärkste Wirtschaftsnation der Welt. Mit diesem Riesen wollen international arbeitende Unternehmen es sich nicht verscherzen. Der Präsident der USA hat verfassungsgemäß größten Einfluss – zur Not mittels »executive orders«, mit denen er den Kongress übergehen und seinen Willen in Kraft setzen kann. Trumps Ansichten werden also umgesetzt. Trump hängt der Ansicht an, Einfuhren in die USA würden seinem Land eher schaden als nutzen. Im Besonderen hält er Importe aus China für des Teufels Ware und hat Sanktionen erlassen.

Betroffen ist der chinesische IT-Konzern Huawei, weltweit führend bei der Entwicklung der Telekommunikation. Noch im Januar dieses Jahres hat Andrew Parker, der Chef des britischen Inlandsgeheimdienstes MI5, erklärt, aus Sicht des MI5 gebe es keinen Grund zu der Annahme, »der Informationsaustausch« mit den Kollegen in den Vereinigten Staaten werde behindert, wenn Großbritannien Huaweis Angebot nutze. Daraus ließ sich folgern: Was ein Geheimdienst in Ordnung findet, darf generell benutzt werden.

Das hat sich mittlerweile geändert. Im Mai hat das amerikanische Handelsministerium den Ukas ausgegeben, in den USA sei nicht mehr gelitten, wer an Huawei liefere. Im Juni hat John Sawers, früherer Chef des britischen Auslandsgeheimdienstes MI6, in der *Financial Times* die neue Lage kommentiert: Huawei habe bisher verlässliche Zulieferer »entscheidender Teile« gehabt, so etwa die Semiconductor Manufacturing Company in Taiwan. Das bedeutete, dass man mit Huawei habe arbeiten können. Seitdem der Bannstrahl der USA gegen alle gerichtet ist, die Huawei beliefern, sei das Unternehmen für Geheimdienste nicht mehr durchsichtig. Folglich wird wohl kein westliches Land seine Telekommunikation mithilfe von Huawei auf Vordermann bringen. Das gilt sicherlich auch für Deutschland, wo das G5-System mit Produkten von Huawei schneller hätte aufgebaut werden können als mithilfe von Nokia oder dem schwedischen Konzern Ericsson. Im Mai hat Huawei offiziell mitgeteilt, die Firma kämpfe ums Überleben.

Immerhin ein großer Kunde bleibt: Russland. Das hat ein Insider jemandem vom Carnegie Moscow Center so erklärt: »Wir werden entweder von den USA oder von China abgehört, also wählen wir das kleinere Übel.« Die Beziehungen zwischen Russland und China waren nie besonders gut. Anfangs ein Adept der Sowjetunion, hat Mao sich frühzeitig von Moskau gelöst. Seither herrschte mal mehr, mal weniger offene Feindschaft. Schlechte US-Diplomatie macht es möglich, dass China und Russland einander in die Arme getrieben werden. Das Handelsvolumen zwischen beiden Ländern betrug 2019 etwa das Doppelte von dem zwischen Deutschland und Russland. Chinas Investitionen in den USA beliefen sich 2016 auf 45 Milliarden US-Dollar. 2019 waren es bloß noch ungefähr fünf Milliarden Dollar.

Die Regierung in Peking wird zu Recht getadelt wegen ihres Umgangs mit den Uiguren und den Tibetern sowie wegen ihrer Hongkong-Politik. Im Westen werfen die meisten leider alle diese Probleme in einen Topf. Der Umgang mit den muslimischen Uiguren, deren einzelne Angehörige üble Attentate verübten, ist verwerflich, ist vor allem übersteigerter Furcht vor Terrorismus zuzuschreiben. Das ist aber nicht alles. Die Han-Chinesen, die in China die Mehrheit ausmachen, empfinden die Uiguren als fremd: Die Leute dieser Volksgruppe sehen irgendwie anders aus als sie, und für den Islam haben die allermeisten Han-Chinesen nichts übrig. So kommt es, dass die Uiguren bei der Mehrheit ihrer Landsleute auf hilfreiche Solidarität nicht hoffen können.

Ganz anders verhält es sich mit der »Sonderverwaltungszone« Hongkong, die Peking per Gesetz einigermaßen komplett in seine Gewalt gebracht hat. Das war auch als Signal ans Ausland gedacht. Für die Bürger Hongkongs wird Chinas repressive Politik damit um keinen Deut besser. Es wäre aber zu beachten, ob Unterdrückung rein innenpolitisch oder auch außenpolitisch motiviert ist. Der Westen wäre gut beraten, zu erkennen, was an Pekings Entscheidungen innenpolitischer

(Fehl-)Kalkulation geschuldet ist und was sich daraus ergibt, dass China von den Vereinigten Staaten diplomatisch und wirtschaftlich attackiert wird.

Xi Jinping will nicht die Welt erobern. Er muss einlösen, was er versprochen hat: China aus der Scham befreien. Dieses große Land mit seiner jahrtausendealten Kultur wurde im 19. Jahrhundert von den Briten ausgenommen. Im 20. Jahrhundert wurden Teile Chinas von Japan eingenommen. Jeder in der Spitze der chinesischen KP kennt die Landesgeschichte aus dem Effeff. Deshalb hat Xi gesagt, bis 2049 werde China weltweit führend sein. Das war eine Deklaration, mehr nicht.

Nehmen wir das Projekt der »Neuen Seidenstraße«, der »Belt and Road Initiative«. Dahinter steht die Idee, Chinas Handel zu befördern und China seine uralte Bedeutung zurückzugeben. Matt Ferchen vom Mercator Institute for China Studies sagt: Viele meinten, China wolle »eine neue Weltordnung« schaffen. Aber da sei eine große Schwelle »zwischen dem, was man sagt, und dem was man tut«. Ferchen weiter: »Das Projekt ist sehr ambitiös angelegt, in der Wirklichkeit kommt es ganz schnell an seine Grenzen.« China könne nicht einmal seine »kleineren, ärmeren Nachbarn« beschwatzen.

Die Belt and Road Initiative ist ein Konglomerat aus von Peking und den Provinzen gesteuerten Investitionen. Laut Ferchen »gibt die Zentralregierung die Richtung vor; aber die Banken, die China Development Bank zum Beispiel, sowie lokale Regierungen und Unternehmen interpretieren das, wie es ihnen passt«. Außerdem würden auch viele Professoren und Denkfabriken um ihre Meinung gefragt. Ferchen schließt: »Am Ende steht oft ein ziemlich chaotischer Mix von Meinungen.« Wir schließen: Der Westen muss vor China keine Angst haben.

17. Juli 2020

5

Die große weite Welt

Eigene Anschauung ist nicht immer nötig, wenn man geopolitisch unterwegs ist. Sie kann aber nicht schaden. Wie sagte der wenig berühmte Historiker Johann Martin Chladenius, der von 1710 bis 1759 lebte? Auf den »Sehepunkt« komme es an: Wer Geschichte schreibt, solle sich darüber klar werden, inwieweit die eigene Sichtweise die Darstellung bestimme oder womöglich kontaminiere. Chladenius meinte damit ferne Zeiten, das gilt aber auch für ferne Länder. In diesem Kapitel sind ein paar Beobachtungen über verschiedene Länder versammelt. Gemeinsam haben sie lediglich, dass sie zum Gefüge der Welt gehören und – das ist weniger wichtig – ich sie alle besucht habe. Es geht um Taiwan, Vietnam, die Ukraine, Iran. und Russland.

Der »Nationalcharakter« war im 18. Jahrhundert in Europa etwas, worüber viele kluge Leute, der schottische Aufklärungsphilosoph David Hume voerneweg, sich Gedanken machten. Das Konzept ging früher nicht auf und heute erst recht nicht. Es gibt keinen Nationalcharakter, zumal nicht in Ländern, die von Menschen aus aller Welt bewohnt werden.

Gleichwohl dürfen einleitend ein paar summarische Beobachtungen gemacht werden: Taiwaner sind zu Fremden aus dem Westen umso freundlicher, als sie auf Taiwans Eigenstaatlichkeit beharren und das jedem Besucher gern erläutern.

In Vietnam herrscht eine Arbeitsamkeit, wie man sie in westlichen Wohlfahrtsstaaten in diesem Ausmaß nicht kennt. Auf dem Land sitzen Männer vor ihren halb fertigen Häusern und bosseln Altmetall zu etwas Verwendbarem hin. Der Reisanbau ist Knochenarbeit.

Die Ukraine war unter dem Präsidenten Poroschenko korrupt; unter dem 2019 zum Präsidenten gewählten Fernseh-Star Wolodymyr Selenskyj ist sie korrupt geblieben. Auf dem Dorf werden Westler mit verhaltener Freundlichkeit begrüßt. In den Städten war, auf Besuch bei ukrainischen Nicht-Regierungs-Organisationen, deren Mitarbeiter vom Westen finanziert werden, allenthalben zu hören: Der Westen müsse noch mehr Geld für ihre Organisationen aufwenden. Im Herbst 2020 hat sich das verrottete System gegen den Präsidenten selbst gekehrt. Einige Verfassungsrichter haben die knospenden staatlichen Initiativen gegen Korruption ausgehebelt. Was genau sich in der Ukraine abspielt, ist schwer zu beurteilen. Die Landespolitik hängt nicht zuletzt davon ab, welcher Oligarch auf welche Amtspersonen Einfluss ausübt.

In Iran, das früher Persien hieß, herrscht eine in Jahrhunderten eingeübte Form von Höflichkeit und Freundlichkeit zumal gegenüber Ausländern, die angesichts der miserablen wirtschaftlichen Lage des Landes jeden Besucher beschämen muss. Picknicken ist üblich in Iran. Sei es an einem Flussufer oder in einer pittoresken Wüste. Eine iranische Familie sitzt da, hat ein Tuch ausgebreitet und Speisen aufgedeckt; die Besucher aus dem Westen sitzen in schicklichem Abstand und essen von der Hand in den Mund. Immer entsendet die iranische Familie einen jungen Mann: Er bringt als Geschenk Nüsse oder eine aufgeschnittene Melone oder eine Schale mit Salat. Das ist bloß als Geste der Gastfreundschaft gemeint, mehr nicht. Die wirtschaftlichen Sanktionen sind eine Katastrophe für die Iraner. Die von den USA initiierten Sanktionen gegen Iran unterminieren die Autorität des Staatspräsidenten Hassan Rohani, der zum Westen ein gutes Verhältnis haben möchte und sich seit Amtsantritt 2013 bemüht hat, den Einfluss der radikalen, politisch-ökonomisch mächtigen »Revolutionären Garden« einzuhegen.

Je strenger die USA, ihre Verbündeten im Schlepp, gegen Iran vorgehen, desto besser werden Irans Beziehungen zu seinem nördlichen Nachbarn. Da haben sich dann zwei gefunden: Was Putins Russland angeht, sind viele im Westen der Meinung, die »diplomatischen« Beziehungen zu diesem Staat seien mit Sanktionen ziemlich ausreichend bedient – ob das nun geopolitisch und ökonomisch vernünftig ist oder nicht. Die Gas-Pipeline Nord Stream 2 wurde nicht von dem Putin-Freund Gerhard Schröder eingeschuht. Großunternehmen aus Deutschland, Russland, Großbritannien, den Niederlanden, Frankreich und Österreich stehen dahinter. Weil die USA ihr gefracktes Gas verkaufen wollen, haben sie Druck ausgeübt. Die deutsche Bundesregierung ist eingeknickt und lässt zwei Häfen bauen, wo das gefrackte Gas aus den USA angelandet werden soll. Es wird viel teurer sein als das Gas aus Russland. Weil die Regierung der USA damit noch nicht zufrieden war, hat sie abermals sanften Druck ausgeübt. Mittlerweile haben deutsche Zeitungen und einige deutsche Politiker sich gegen die Vollendung der Pipeline ausgesprochen. Wer da fragt, wie es um die deutsche Souveränität bestellt sei und wo der Bartel den Most holt, muss sich bescheiden. Seit dem Zweiten Weltkrieg sind die Bundesregierungen entweder stramm aufseiten der USA gewesen, oder sie haben sich abgestrampelt, ein wenig Eigenständigkeit zu erlangen, wofür es dann – siehe zum Beispiel Bundeskanzler Gerhard Schröders Nein zur Beteiligung am Irakkrieg 2003 – viel Schelte gab.

Kleines Land im Meer

**Taiwan ist eine junge Demokratie. Seine besten Wirtschafts-
beziehungen hat das Land mit der Volksrepublik China.
Ein Krieg lohnt sich für beide Seiten nicht. Wie lebt man
miteinander, obwohl man einander nicht mag?**

In den 1960er-Jahren fiel es der Bundesrepublik schwer, die
DDR, die sie als Staat nicht anerkannte, bei einem Namen zu
nennen. Bundeskanzler Kiesinger nahm Zuflucht zu dem
Wort »Phänomen«. Die Führenden des Phänomens waren entsprechend beleidigt. Als in den Siebzigerjahren DDR-Minister
mit DDR-Standarte am Auto auf Besuch nach Bonn reisen
durften, fühlten sie sich gebauchkitzelt. Und schon liefen die
Verhandlungen flotter.

Die Volksrepublik China und Taiwan haben ein ähnliches
Problem. Einen Krieg wollen beide nicht. Deshalb rüsten beide auf (so wie im Kalten Krieg in Ost und West aufgerüstet
wurde, sicherheitshalber). Neulich hat US-Präsident Trump
Taiwan Waffenverkäufe in Höhe von 1,4 Milliarden Dollar zu-
gesichert, was das große China natürlich ärgert.

Die Taiwaner wurmt es kolossal, dass sie international
nicht figurieren und lediglich von siebzehn global wenig be-
deutenden Ländern als Staat anerkannt sind. Taiwans Regie-
rende akzeptieren, dass die Volksrepublik China ihr Land
nicht in die Souveränität entlassen mag. Aber Taiwan würde –
das wäre ein Anfang – gern Mitglied der Weltgesundheitsorga-
nisation und auch von Interpol werden. »Gibt es bei uns keine

ansteckenden Krankheiten? Gibt es bei uns keine Kriminalität?«, fragt in Taipeh der Außenminister Jaushieh Joseph Wu suggestiv in die kleine Runde der aus dem Westen angereisten Journalistenschar. Ein wenig klingt es wie die Rede von Shakespeares Shylock: »Wenn ihr uns stecht, bluten wir nicht?«

Das Verhältnis zwischen der Volksrepublik China (1,4 Milliarden Einwohner) und der Inselrepublik Taiwan (24 Millionen Einwohner) ist komplexer, als das zwischen der BRD und der DDR es war. Das große China ist der wichtigste Handelspartner Taiwans. Das große China hat Rohstoffe. »Wir haben gar nichts«, sagt ein Vertreter des Außenministeriums und will damit auch sagen: Wir, anders als die da drüben hinter dem Wasser, können über uns selbst lachen; wir sind nicht eingekastelt in der Sprache von hölzernen Funktionären. Lee Ying-yuan von der Umweltbehörde bestätigt unumwunden die Frage, ob Taiwan »das bessere China« sein wolle. Er sagt: Das zeige sich daran, »wie wir uns benehmen; wie wir essen; wie wir in der Schlange vor einer Bushaltestelle warten«.

Taiwans Rohstoffmangel hat die Insel zur Findigkeit genötigt: Man setzt auf die IT-Branche und auf Technik. So kommen zum Beispiel auch viele Fahrräder auf der Welt aus Taiwan. Nur dass auf den Rädern und Computergeräten nicht »Made in Taiwan« draufsteht.

Die zwei bestimmenden Parteien sind einander recht ähnlich. Die eine, die der jetzigen Präsidentin Tsai Ing-wen, will mehr Distanz zum großen China als die andere, die Kuomintang, welche aus der autoritären Herrschaft hervorgegangen ist, die Chiang Kai-shek nach der Flucht vor Maos Truppen 1949 in Taiwan installierte. (Eine Demokratie ist Taiwan erst seit Anfang der 1990er-Jahre.) Tsais Fortschrittspartei hat am 24. November 2018 bei Regionalwahlen miserabel abgeschnitten. Das lag aber nicht an ihrem Wunsch, Distanz zum

Festland-China zu gewinnen. Sie hatte den Wählern zu viel versprochen.

Tsais Politik hat dazu geführt, dass das große China die Zahl der Touristen, die nach Taiwan reisen, um angeblich vierzig Prozent reduziert hat. Tsai hat die Renten gekürzt, was sie viele Stimmen kostete. Studenten können in Taiwan eine gute Ausbildung erhalten. Aber eine Arbeitsstelle finden viele dann nicht. Hinter dem Wasser liegt das große China, das kluge Leute gern beschäftigt. Vielen Taiwanern, die ihren Fähigkeiten entsprechend arbeiten wollen, ist es ziemlich schnurz, unter welcher Regierung sie das machen. Das gilt auch für Politologen. Ein taiwanischer Hochschullehrer sagt: »Politologie kann man nur dann gut lehren, wenn man das Fach in einer Demokratie studiert hat.« Das große China weiß das offenbar auch. Und solange taiwanische Politologen nicht zum Sturz der Regierung in Peking aufrufen, sind sie als Universitätsdozenten willkommen.

98 Prozent seiner Energie bezieht Taiwan aus dem Ausland – Kohle, Flüssiggas. Die Luft auf der Westseite der Insel – von Taipeh zieht sich gen Süden mehr als 200 Kilometer lang eine Megalopolis – ist ungefähr so toxisch wie auf einer Verkehrsinsel in Stuttgarts Innenstadt zur Stoßzeit. Manche meinen, das große, verdreckte China sei schuld, weil dessen Luft nach Taiwan treibe (das sind die Leute, die alles, was in Taiwan nicht gut läuft, dem großen Nachbarn anlasten). Die meisten Politiker meinen: Ihre Insel müsse erneuerbare Energien kultivieren. Man setzt auf Windkraft. Man setzt auf Solarzellen auf Hausdächern. Weil Taiwan regelmäßig Taifunen ausgesetzt ist und Erdbeben öfters vorkommen, sind die meisten Gebäude für den Aufbau von Solarpanels allerdings nicht geeignet. Ein Knackpunkt bei der Luftverbesserung sind die Motorroller: Die sind zahlreich, sind laut und stinken. In einigen Jahren, so

sagen die Zuständigen von der Umweltbehörde, sollen sie durch E-Roller ersetzt sein.

Taiwan erwirtschaftet ungefähr das gleiche Bruttosozialprodukt wie Schweden. Es ist nur ein klein wenig größer als Nordrhein-Westfalen. Es darf international nicht auftreten. Mit dem großen China und seiner Wirtschaft ist Taiwan so eng verbunden, dass eine Trennung ausgeschlossen ist. Das Militärmuseum in Taipeh aber ist bestens bestückt mit lächerlichen Videos, in denen gezeigt wird, wie ein Angriff von der Volksrepublik China abgewehrt werden könnte. Taiwan baut auf die Vereinigten Staaten. Gut wäre indes, wenn die USA das kleine und das große China militärisch in Ruhe ließen. Nicht umsonst haben die Beteiligten Tausende Jahre Kultur im Rücken.

30. November 2018

Der Plastik-Drache

Taiwan ist hoch industrialisiert. In Sachen Umweltverschmutzung ist die Insel ein Vorreiter. Die Regierung weiß
das. Eine Firma engagiert sich. Aber sie macht Verluste.
Warum?

Eine kleine Unterhaltung in einem Berliner Supermarkt: Die
Kundin legt Nektarinen, Kiwis und anderes auf das Förder-
band der Kasse. Als sie beim Kassierer angekommen ist, sagt
sie: »Wie schön, dass man bei Ihnen Obst ohne Plastikverpa-
ckung kaufen kann.« Der junge Kassierer kennt das schon.
»Früher war das egal«, sagt er, »jetzt reden alle davon.«

In der Tat. Plastik ist – buchstäblich – in aller Munde, seit
bekannt wurde, dass Mikroplastikteilchen ins Trinkwasser ge-
raten. In wenigen Jahrzehnten, so wird prognostiziert, gebe es
in den Ozeanen mehr Plastiktüten und Plastikflaschen als Fi-
sche. Die Deutschen sind aufgeschreckt. Die Einwohner der
Insel Taiwan sind es auch.

Taiwan hat rasant seine Industrialisierung betrieben. Das
ging auf Kosten der Umwelt. Auf der Westseite der Insel, wo
die großen Städte liegen, ist die Luft oft miserabel. Auch weil
es keine Bodenschätze auf Taiwan gibt, hat man sich auf die
industrielle Produktion spezialisiert – was der Umwelt nicht
guttut. Die Insel, so sagen taiwanische Experten, stehe international an zehnter Stelle der Luftverpester. Drei Mal demonstrierten Taiwaner im November: Sie forderten bessere Maßnahmen zur Luftreinhaltung.

Die Inselrepublik ist ein sehr modernes Land; darauf hält man sich etwas zugute. Entsprechend groß ist die Menge an Elektroschrott, die auf Taiwan anfällt. Elektroschrott enthält wertvolle Metalle wie Gold und Platin. Auf Taiwan gibt es seit Jahren Firmen, die aus dem Schrott das Wertvolle herauslösen und das übrig gebliebene Plastik verbrennen oder einschmelzen und in die Landschaft werfen. Einige Flüsse Taiwans, so sagte der Umweltminister Lee Ying-yuan anlässlich eines Besuches, seien seit dreißig Jahren verseucht.

Auftritt: Die Firma Super Dragon Technology im südlich von Taiwans Hauptstadt Taipeh gelegenen Taoyuan. Das ist eine Firma, die es versteht, mit Elektroschrott umweltverträglich umzugehen. Die Fabrik und das Bürohaus liegen direkt am Meer. Über das Dach windet sich ein mit Solarpanels besetzter Drachenschwanz: in Kurven, so wie Chinesen sich das wichtige Symbol seit Jahrhunderten vorstellen.

Die Firma Super Dragon wurde gegründet von Yao Hsun Wu. Als junger Mann arbeitete er im Juweliergeschäft. Dann versuchte er sich im Restaurationsgewerbe und Getränkehandel, was fehlschlug. Während er bankrottierte, wurde ihm klar, dass Elektroschrott Gold enthält. In den 1980er-Jahren begann er ausrangierte Computer und dergleichen zu sammeln. Was er im Juweliergeschäft gelernt hatte, zahlte sich nun aus: Er extrahierte das Gold. Das machte ihn in den Neunzigerjahren zu einem reichen Mann. Lange ging das gut, der Goldpreis stand hoch. Deshalb entschloss Wu sich, eine Fabrik zu bauen, die mit den Plastikresten umweltverträglich umgeht: Super Dragon.

Das Unternehmen extrahiert Gold und Platin aus Elektroschrott und macht aus dem übrig gebliebenen Plastik sehr ansehnliche Dinge. In der Firmenzentrale gibt es einen Fahrstuhl, dessen Fußboden auch auf den zweiten Blick aussieht, als handle es sich um Parkett. Aber nein: Der Fußboden ist aus Plastik. Super Dragon kann Skulpturen herstellen, die aussehen wie aus Porzellan. Besser noch: Die Firma kann Wohnelemente aus Plastik produzieren, für Menschen, die bei Erdbeben oder einer Sturmflut ihr Zuhause verloren haben. Die sind sicher teurer als Zelte, aber haltbarer. Und wenn man sie nicht mehr braucht, kann man sie zu einer Küche umbauen. Und wem die Küche nicht mehr gefällt, der könnte sie der Firma zur Neuaufbereitung zurückgeben.

Der Firmengründer Yao Hsun Wu ist Taoist. Das Eingangstor zum Bürogebäude flankieren ein grüner Drache und ein weißer Tiger – die beiden in der Philosophie von Yin und Yang für das Gleichgewicht der Kräfte notwendigen Geschöpfe. Wu denkt langfristig und hat die Führung seines Unternehmens 2017 an seinen Sohn abgegeben.

Ken Wu ist aus demselben Holz geschnitzt wie sein Vater, nur dass er die Arbeit der Firma im Hinblick auf Umweltfragen perfektioniert hat, während sein Vater auch auf Kosteneffizienz achtete. Deshalb rauft der Chefmanager von Super Dragon sich die Haare: Seitdem die Fabrik 2016 ganz fertiggestellt wurde, sagt Cosmas Lu, habe man zwei Jahre in Folge Millionenverluste gemacht.

Das liegt nicht an der Firma, sondern an der Wirklichkeit. Taiwans Führung macht sich Sorgen um die Luftverschmutzung und um erneuerbare Energien. Man will viele Windräder bauen. Was mit dem Dreck auf dem Boden passiert, ist weniger relevant. Um zu überleben, braucht Super Dragon Edelmetalle. Deshalb möchte die Firma Elektronikschrott aus dem Ausland importieren. In Japan ist das erlaubt, unter der gegenwärtigen Regierung Taiwans ist es verboten. Und von den ausrangierten Computern und Tastaturen aus Taiwan bekommt die Firma auch nicht viel ab, weil es billiger ist, die bei

Unternehmern zu entsorgen, die sich eine goldene Nase verdienen, indem sie den übrig gebliebenen Kunststoff auf Kosten der Umwelt irgendwie fortschaffen.

Super Dragon hat eine Dependance im großen China. Aber auch die erhält wenig wertvollen Elektronikschrott. Altgediente Funktionäre der chinesischen Kommunistischen Partei, sagt Cosmas Lu, seien schneller am Ball.

Super Dragons Bürogebäude in Taoyuan ist sehr groß. Die meisten Räume stehen leer: Vergeblich hatte man gehofft, Unternehmen, die Elektroschrott produzieren, würden sich dort ansiedeln. Die Eingangshalle ist im Rohzustand. Der weltweit berühmte japanische Architekt Kengo Kuma hat das Design entworfen. Aber für die Realisierung seines Plans fehlt das Geld.

8. Februar 2019

Zum Schaudern lehrreich

Vietnams Regierung hofiert auswärtige Unternehmen – auf Kosten der heimischen Industrie. Der Traum vom Dollar ist stärker als die schrecklichen Erinnerungen an den Vietnamkrieg. 2019 will die EU mit Vietnam ein Handelsabkommen verabschieden. Wie steht es um das Land?

Im Jahr 1999 besuchte die Redaktion der Satirezeitschrift *Titanic* vietnamesische Kollegen in Ho-Chi-Minh-Stadt, die ebenfalls in der Humorproduktion tätig waren. Die Redaktion von *Jugend lacht* – so die Übersetzung – hatte zwar keinen Sinn für politische Satire (dergleichen wäre in dem Einparteienstaat nicht gelitten gewesen); gleichwohl fühlten die deutschen Gäste sich wie zu Hause: Die Cartoons in *Jugend lacht* erinnerten frappant an die einstigen Humorseiten von Fernsehzeitschriften wie *Hör Zu.*

Alsgleich machten die Spezialisten von *Titanic* sich an die Klassifizierung der Cartoons. Ihre Liste umfasste unter anderem »Sahnetortenwitze«, »Leiterwitze« sowie »Bügelwitze«. Einer von Letzteren geht so: Ein Vietnamese bügelt, es klopft an der Tür; er geht öffnen, und als er zum Bügelbrett zurückkehrt, hat das Eisen einen Fleck ins Hemd geschmaucht. Nun brennt der Mann das Bügeleisen noch mehrmals in den Stoff und präsentiert dann stolz das neue Textilmuster. Dass ein heimtückisches Humorkartell heimlich die weltweite Verbreitung derselben Sorte schaler Scherze organisiere, wäre eine Vermutung aus dem Reich der Verschwörungstheorien. Gesichert ist hingegen, dass seit Jahren immer mehr Kleidung in Vietnam produziert wird.

Die Löhne in China sind stetig gestiegen. Mittlerweile sind sie zwei- bis dreimal so hoch wie in Vietnam. Die kommunistische Führung in Hanoi pflegt die Ansiedlung auswärtiger Unternehmen. Elektronikhersteller wie Samsung und die Großen der Bekleidungsindustrie wie Adidas haben Vietnam als Standort entdeckt. Die *New York Times* zitierte jüngst eine Studie, der zufolge zwei Drittel aller amerikanischen Textilhersteller ihre Produktion von China in benachbarte Länder verlagern werden. Sie hoffen, an Trumps Importzöllen vorbeizukommen, wenn auf ihren Produkten nicht mehr »Made in China« steht. Freilich, ein großer Teil der Stoffe und Accessoires, die in Vietnam vernäht werden, müssen aus China eingeführt werden. Und das könnte stramme US-Handelskrieger auf den Gedanken bringen, eigentlich handle es sich immer noch irgendwie um chinesische Waren.

Im Bekleidungssektor öffnete sich Vietnam früh für ausländische Unternehmen. Das Schneiderwesen florierte bereits, als das Land noch bitterarm war. Doch je mehr auswärtige Konzerne sich ansiedelten, desto weniger zählte die heimische Produktion. Auch deshalb werden Knöpfe und Reißverschlüsse importiert. Für kostspieligere Produkte gilt heute das Gleiche: Samsung zum Beispiel beschäftigt 60 000 Arbeiter in Vietnam und machte das Land zum zweitgrößten Smartphone-Exporteur der Welt (nach China). Aber es bleiben eben *südkoreanische* Mobiltelefone. Die vietnamesische Industrie kommt nicht in die Puschen. Und was passiert, wenn Myanmar oder Kambodscha sich so weit berappeln, dass die dortigen, in Südostasien unschlagbar niedrigen Löhne die Weltkonzerne zum Umzug verführen?

Der Preis ist hoch, den das nur mehr dem Namen nach kommunistische Land dafür entrichtet, dass auswärtige Unternehmen hofiert werden. Mit dem Bekenntnis zur internationalen Kooperation meint die Regierung es so ernst, dass sie nicht widersprach, als Donald Trump sich 2017 über die angebliche Übervorteilung der USA durch Vietnam beschwerte. Gegen diese »Unfairness« hatte Trump eine Lösung parat. Die *Frankfurter Allgemeine Zeitung* fasste sie süffisant zusammen: »Der Präsident der größten Wirtschaftsnation der Welt legte der Regierung der Nummer 48 auf der Rangliste nahe, künftig doch einfach amerikanische Waffen zu kaufen.«

An dieser Stelle drängt sich ein Ausflug in die vietnamesische Geschichte auf. Mit amerikanischen Waffen haben die Vietnamesen bekanntlich schreckliche Erfahrungen gemacht. Zum Schaudern lehrreich ist die grandiose Dokumentationsreihe *Vietnam* von Ken Burns und Lynn Novick von 2017, in der Polit- und Militärveteranen beider Seiten zu Wort kommen.

Der Zynismus der Präsidenten Kennedy, Johnson und Nixon samt ihren Ratgebern war ebenso erschreckend wie ihre antikommunistische Verblendung. Sie erkannten nicht, warum vietnamesische Kämpfer in den Tod gingen; warum Frauen freiwillig die Laster mit Nachschub bei Nacht ohne Scheinwerfer durch den Dschungel fuhren; warum Jugendliche bereit standen und, sowie ein Bombardement vorüber war, die Krater in den Wegen zuschaufelten: Der Drang nach der Unabhängigkeit ihres Landes war stärker als die Furcht vor dem Tod. Ein amerikanischer Veteran sagt in dem Film: Der Mut der Vietnamesen sei so groß gewesen – er sei zu der Überzeugung gekommen, er habe »auf der falschen Seite« gekämpft.

Was das aus der Luft verabreichte Napalm angeht sowie das Entlaubungsmittel Agent Orange, dessen Einsatz bis heute zu Missgeburten führt, trifft ein traurig-ironischer Satz zu, mit dem der Schriftsteller Joseph Roth den Einsatz von Granaten im Ersten Weltkrieg beschrieb, »deren verwüstende Wirkung nicht Tücke war, sondern eine Sinnlosigkeit, so unermesslich, dass sie grausam sein musste«.

Kaum ein Vietnamese hegt Hass gegen die USA. Die Leute wollen wirtschaftlich vorankommen. Sie sparen Dollars. Sie finden amerikanische Turnschuhe schick. Sie haben dem Land vergeben, das ziemlich weit damit kam, sie in die Steinzeit zurückzubomben. Wie aber verhalten sich die USA? Ein US-Gericht schmetterte 2005 eine Sammelklage von Agent-Orange-Opfern mit der irrwitzigen Begründung ab: Es habe sich nicht um »chemische Kriegsführung« gehandelt, ein Bruch internationalen Rechts liege daher nicht vor. Und Trump beschuldigt Vietnam, es führe unfairen Handel.

5. Oktober 2018

Auf Gott vertrauen

In der Ukraine walten die große und die kleine Korruption. Mittels immenser Kredite und massiver Einflussnahme ist es der EU und dem Weltwährungsfonds gelungen, die kleine Korruption einzudämmen. Maßnahmen gegen die Machenschaften der Oligarchen sind schwieriger durchzusetzen.

Die Evangelische Akademie im norddeutschen Loccum bietet ein klösterlich anmutendes Ambiente. Mit der dort waltenden protestantischen Ernsthaftigkeit können andere Evangelische Akademien nicht mithalten. Gäste kommen aber gern nach Loccum, weil dort gesellschaftspolitisch wichtige Tagungen organisiert werden. Neulich ging es um die Zukunft der Ukraine.

Einige Ukrainer waren nach Loccum eingeladen. Um Reiseimpressionen gebeten, sagten sie, was sie als gute Gäste für geboten hielten: Deutschland und der EU sei man unglaublich dankbar. Lieber gestern als heute wolle man der EU und der Nato beitreten. So schnell kann es dazu aber nicht kommen.

Die Ukraine wird heftig bezuschusst; die EU will das Land an sich heranziehen, im Namen von Demokratie und Hilfsbereitschaft. Dass es auch um geopolitische Einflusssphären geht, wird nur von sehr wenigen eingeräumt. Was mit der ukrainischen Wirtschaft passiert, wenn sie sich auf die Standards der EU einrichten muss, ist eine Frage, mit der EU-Politiker sich kaum befassen. Ihnen zugutezuhalten ist, dass die meisten nicht darauf abzielen, wie westliche Unternehmen sich in der

Ukraine eine goldene Nase verdienen können. Allerdings ist zum Beispiel der westliche Hunger nach Holz so groß, dass ukrainische Geschäftsleute mehr Bäume abholzen, als Wälder verkraften können, die angeblich »nachhaltig« gepflegt werden. Laut dem *Spiegel* haben sich im Holzhandel »mafiaähnliche Strukturen« gebildet. Ungemütlicher wird es westlichen Ökonomen angesichts der Bemühungen chinesischer Unternehmen, in der Ukraine einen Fuß in die Tür zu bekommen. »Wenn Europa nicht aufpasst«, sagt der Vertreter eines deutschen Chemiekonzerns, »sind die Opportunitäten schnell besetzt.«

Viele Ukrainer sind begeistert von dem wirtschaftlichen Assoziierungsabkommen mit der EU, aber nicht alle. Viele gibt es, zumal im Osten der Ukraine (wo derzeit bekanntlich ein halbwegs im Zaum gehaltener Bürgerkrieg herrscht), die sich Russland nahe fühlen. Im Wahlkampf ist der jetzt abgewählte Präsident Petro Poroschenko im Herbst angetreten mit dem Slogan: »Armee. Sprache. Glaube.« Viele Ukrainer sprechen besser Russisch als Ukrainisch; die Diskriminierung ihrer Sprache empfinden sie als Diskriminierung ihrer selbst. Beide Sprachen sind einander ungefähr so nah wie das Niederländische und das Deutsche.

Als Poroschenko bei einer öffentlichen Anhörung gefragt wurde, wie er die das ganze Land bestimmende Korruption eindämmen wolle, beschied er den Fragesteller laut der *New York Times* mit dem Hinweis, er möge auf Gott vertrauen. Das wurde als Veräppelung wahrgenommen, war aber insofern richtig, als Vertrauen zum Staat nicht existiert. Korruption ist in der Ukraine normal. Geschätzte vierzig bis fünfzig Prozent der ukrainischen Geschäfte werden per Bargeld abgewickelt.

Auch weil die Ukrainer (das ist teils noch ein Erbe der Sowjetunion) eine ziemlich gute Schuldbildung genießen, finden viele solche Umstände nicht akzeptabel. Kein Wunder ist es, dass junge Wähler in großer Zahl gegen Poroschenko stimmten und einen Schauspieler erkoren. Weil Wolodymyr Selenskyj sich als echter Staatschef erst noch entdecken muss und bisher widersprüchliche Ansagen machte, lässt sich der Unterschied zwischen den beiden momentan so zusammenfassen: Poroschenko ist ein Oligarch; Selenskyis Wahlkampf wurde von seiner Arbeit für den Fernsehsender eines Oligarchen ermöglicht. Mit dem Schuldenproblem der Ukraine muss Selenskyi umgehen lernen: Die EU und der Weltwährungsfonds haben Milliarden zur Verfügung gestellt. Das meiste aber kommt nicht dem Land zugute, sondern der Abzahlung von Schulden, die 2019 und 2020 bedient werden müssen.

Die wirtschaftlichen Beziehungen zwischen der Ukraine und Russland sind seit der Annexion der Krim zunehmend zum Erliegen gekommen. Für Schmuggel gilt das freilich nicht: Secondhand-Waffen werden von Russland aus in die Ukraine verschoben – und zwar nicht bloß in das Bürgerkriegsgebiet. So löblich man es finden mag, Russland auszugrenzen, weshalb zu der Tagung in Loccum auch keine russlandfreundlichen Ukrainer eingeladen waren, ist es doch unvernünftig. Der CDU-Politiker Norbert Röttgen, Vorsitzender des Auswärtigen Ausschusses des Bundestags, schrieb im Dezember 2018 in einem Kommentar für den englischen *Guardian*: »Anfang 2014 fragte ich mich, wie man Russlands Nervosität im Hinblick auf das geplante Assoziierungsabkommen der Europäischen Union mit der Ukraine begegnen solle.« Röttgen ist klar gewesen, dass Russland sich vom Westen bedrängt fühlt. Über die Annexion der Krim hat er sich denn auch wenig gewundert.

Der Osteuropaverein der Deutschen Wirtschaft ist guten Mutes. Stefan Kägebein, Regionaldirektor Osteuropa im Ost-Ausschuss, zählt die Gründe auf: Ausländische Unternehmen könnten investieren und auf Rechtssicherheit zählen. Seitdem rund achtzig marode Banken geschlossen wurden, sei der Bankensektor stabilisiert. Das öffentliche Beschaffungswesen wurde digitalisiert, was kleine Beamte daran hindert, sich bestechen zu lassen.

Die große Korruption ist aber noch nicht eingedämmt. Das hat der Präsident Poroschenko verhindert. Der Ukraine-Experte Wilfried Jilge sagte in Loccum: Die EU habe ihre Möglichkeiten im Moment ausgereizt. Es gibt das wirtschaftliche Assoziierungsabkommen; es gibt Visafreiheit. Nun müsse die EU sich etwas Neues einfallen lassen, sozusagen eine neue Karotte, die man den Ukrainern und ihren Oligarchen vor die Nase hängen könne, damit sie ihrem Land erlauben, sich weiter zu reformieren.

3. Mai 2019

P. S. 2020 hat Präsident Selenskyj sich mit dem offenbar dubios besetzten ukrainischen Verfassungsgericht angelegt, das im Oktober erklärte, Funktionsträger müssten ihre Vermögenswerte nicht offenlegen. Zu wissen, wer von wem monetär protegiert wird, ist nicht bloß für eine in korrupten Verhältnissen heranwachsende Demokratie unerlässlich.

Mickymaus in Iran

Iran ist ein reiches Land. Seit der Revolution 1979 hat das Ayatollah-Regime die Religion aber über die wirtschaftliche Entwicklung gestellt. Darunter leiden die Wirtschaft und viele Iraner. Sehr viele hätten gern bessere Kontakte zum Ausland.

Seit der iranischen Revolution 1979, die Ayatollah Khomeini dazu nutzte, Iran zu einem religiös bestimmten Staat zu machen, gelten die USA als der »Große Satan«. Der böse Satan ist eine seit Jahrhunderten bekannte Figur in Iran. Abgebildet wurde er traditionell allenfalls als dunkle Wolke. Freilich, je mehr die Iraner genug haben von ihrem religiösen Regime, desto beliebter ist eine Verkörperung des heutigen »Großen Satans«. Er hat riesig-runde schwarze Ohren, die auf Werbeplakaten in die Gegend lugen: Mickymaus ist beliebt in Iran. Mögen der Oberste Religionsführer Chamenei und die iranischen Hardliner die USA noch so sehr verteufeln: Den Iranern geht das an den Ohren vorbei.

Im Westen macht man sich falsche Vorstellungen von Iran. So ist aus bestinformierten Quellen zu hören, dass in Iran Twitter und Facebook sowie Satellitenschüsseln verboten seien. Das alles stimmt nicht. Jeder Iraner kann twittern und facebooken; und Satellitenschüsseln sind nützlich für alle, die zum Beispiel BBC World anschauen wollen.

Die Diskrepanz, hier religiöse Überheblichkeit, da pragmatische Fügung ins gegebene Weltgeschehen, kann Irans

Führung sich leisten. Es ist ein Land mit großer Tradition, es ist ein reiches Land. Das wissen auch die geistlichen Führer. Dummerweise hat die religiöse Führung des Landes von Anfang an von Wirtschaft nichts verstanden. Man setzte auf das, was man hatte: Ölförderung, dann kam Gasförderung dazu. Was Iran zum Vorteil gereicht: Anders als ihre arabischen Nachbarn haben die Perser Industrie entwickelt. Schon 1935 flossen 25 Prozent der Staatseinnahmen in den Aufbau von Betrieben.

Seit der Revolution 1979 ist ökonomisch nicht viel passiert. Jetzt steht Iran hinterm Mond. Auf den Straßen fahren Mercedes-Laster aus den Siebzigerjahren und viele alte Peugeots, die in Lizenz gebaut wurden. Das ist auch dem heutigen Revolutionsführer Chamenei aufgefallen, weshalb er dem 2013 gewählten reformerischen Staatspräsidenten Hassan Rohani intern den Rücken gestärkt hat. Nach außen hin, das gehört sich so, hat er Rohani natürlich getadelt, den Mann, der auf gute Kontakte zum Ausland setzt. Denn in Artikel 3 V der iranischen Revolutionsverfassung ist die Unabhängigkeit von ausländischem Einfluss zum Staatsziel erhoben worden. Artikel 43 VIII sieht vor: die »Verhinderung einer ausländischen Vorherrschaft über die Wirtschaft des Landes«.

Irans Atomprogramm half, den Geist der Verfassung umzusetzen: Seit 2002 hat es Kalamitäten mit dem Westen gegeben, weil Präsident Bush jun. Iran zu den »Schurkenstaaten« zählte. Und das, obwohl Iran nach den Attacken von 2001 die USA dabei unterstützte, die Taliban in Afghanistan zu bekriegen. Wie dem auch sei – der Geist von US-Präsidenten ist unerforschlich –, Iran hat das nicht gutgetan. Sanktionen haben die Wirtschaft des Landes geknebelt. Der Präsident Mahmud Ahmadinedschad, der Iran von 2005 bis 2013 führte, hat alles dazu getan, dass die Sanktionen immer schärfer wurden. Ahmadinedschads Regierungsweise wird beschrieben als Mischung aus Unfähigkeit und Klientelismus. Deshalb haben die Iraner 2013 Hassan Rohani und dessen Technokraten gewählt.

Ayatollah Chamenei hat sich unlängst öffentlich von seinem Präsidenten Rohani distanziert. Das Problem des 77 Jahre alten Revolutionsführers besteht darin, dass er einerseits Iran als religiös bestimmten Staat hinterlassen möchte und dass er andererseits weiß: Ohne Investitionen aus dem Ausland – in die Ölförderung, in die Gasförderung, in Entsalzungsanlagen, in Solarenergie – wird sein Land auf keinen grünen Zweig kommen.

Das ist übrigens buchstäblich zu verstehen: 95 Prozent des Oberflächenwassers in Iran sind verschwunden. Viele Flüsse führen kaum mehr Wasser. Wo früher keine Wüste war, gibt es sie heute. Das Grundwasser wird ausgebeutet, unwiederbringlich. Die Grundwasser-Kavernen werden leer gepumpt, die Erdschicht obendrüber gibt nach: Im Süden Teherans sind Häuser deshalb ein paar Zentimeter nach unten gerutscht, sodass die Einwohner ihre Türen nicht mehr öffnen konnten.

Der Nuklearvertrag, den Rohani mit dem Westen ausmachte, hat vieles gebessert. Die USA und ihre westlichen Verbündeten hatten sich zuvor so ungeschickt verhalten, dass in Iran die Idee aufkam: Jegliche Form von Umgang mit Atomenergie sei dem Land vom Westen verboten. Rohani hat gut verhandelt. Seit Anfang 2016 sind die meisten Sanktionen aufgehoben. Es gibt Kontakte zu westlichen Banken, Geld kann überwiesen werden.

Allerdings: Nicht jede Bank hat das mitbekommen. Ein deutsches Institut zum Beispiel verhielt sich feige und unprofessionell: Kurz nach der Wahl Donald Trumps hatte die Filiale eine innerdeutsche Überweisung nicht angenommen, weil auf dem Schein unter der Rubrik »Verwendungszweck« das Wort »Iran« angegeben war. Bleibt zu hoffen, dass Rohani seine zweite Amtszeit antreten kann und dass das dann auch deutsche Banken mitbekommen.

Drei Dinge braucht Iran. Es fehlt an guten Managern. Die meisten großen Staatsbetriebe werden von »verdienten« Mitgliedern der Revolutionsgarden geleitet, die sich nicht auskennen. Zweitens: Man weiß in Iran, dass man von fossiler Energie auf erneuerbare Energie umschalten muss; dafür ist es hohe Zeit. Drittens: Viele iranische Frauen sind bestens ausgebildet und sachorientiert; der Jahrmarkt der Eitelkeiten interessiert sie wenig. Gesetzlich ist verankert, dass Frauen Unternehmen gründen dürfen; für Irans Wirtschaft gilt: Mehr Frauen braucht das Land.

28. April 2017

Gold und Safran

Iran hat viel versäumt. Seine Handelspartner wissen das. Weniger bekannt ist, wie sehr die Kultur das Land und seine Bürger bestimmt. Dieses Erbe ist es, das für die Wirtschaft hoffen lässt.

Kindernamen machen manchmal Politik. Im Westen Chinas leben die Uiguren, die meisten sind Muslime, viele fühlen sich von der chinesischen Führung unterdrückt. Letztere hat das neulich bestätigt, indem sie eine befremdliche Direktive erließ: Uiguren dürfen ihren neugeborenen Kindern eine Reihe von islamischen Namen nicht mehr geben. In Peking war man offenbar der Meinung, zu vielen Uiguren würden immer dieselben Namen gegeben. Nun darf ein Baby nicht mehr Mohammed genannt werden. In welcher Weise diese Maßnahme dem politischen Frieden dienen soll, bleibt der Weisheit der chinesischen Führung überlassen.

In Iran gibt es so ein Namensproblem nicht. In Iran kann man nicht auf einer bevölkerten Straße »Mohammed« rufen, und zig Jungs und Männer drehen sich um. Die Iraner haben mindestens drei Quellen für Namen.

Da gibt es die Schriften der großen, landesweit verehrten Dichter. So hat zum Beispiel Firdausi, der vor der Zeitenwende vom ersten zum zweiten Jahrtausend nach Christus lebte, Epen geschrieben, die heute noch gelesen werden. Im Palast des einstigen Schahs von Persien ist ein Prunksaal mit Fliesen verziert, die Geschichten von den Gedichten Firdausis darstellen. Ein Frauenname, den Firdausi berühmt machte, lautet: Parisa.

Auch arabische Namen sind in Iran beliebt, darunter etliche, die man im Westen aus Märchen kennt, etwa Fatima. Schließlich: In Iran mögen viele Leute kurdische Namen. Ein Mädchenname: Mara, das heißt auf Deutsch Gazelle. Ein Jungsname: Ravin, er spielt an auf das Geräusch fallenden Regens.

Was der Westen noch nicht ganz verstanden hat: Iran liegt zwar im Mittleren Osten, die Iraner sind zwar mehrheitlich schiitische Muslime, aber die Perser sind keine Araber. Sie haben eine ganz andere, lebendige, reiche Kultur. Darauf legen sie Wert. Angesichts des politischen Streits kommt sie in aktuellen Berichten über das Land ein bisschen zu kurz.

Der »Magen David«, der sechszackige Stern auf der israelischen Flagge, schmückt alte iranische Gebäude, die mit größter Kunstfertigkeit errichtet wurden und sorgsam instand gehalten werden. Das Handwerk, das dazu nötig war, beherrschen die Iraner heute noch fast so gut wie früher. Auch das macht die Iraner stolz. Wie immer das politische Verhältnis zu Israel sein mag, wie immer groß der Streit: Den Davidstern auf den Fußböden ihrer alten Gemäuer polieren die Iraner, er bereichert ihre eingesessene Freude an symmetrischer Schönheit. Neulich wurde übrigens der gar nicht symmetrische deutsche Pumuckl als Zierde eines Ladens gesichtet. Da handelt es sich um ein Poster, das eines Tages vergilben wird.

In Iran leben ungefähr so viele Menschen wie in Deutschland, aber das Land ist sehr viel größer als Deutschland. Weil in Iran Industrie früh im 20. Jahrhundert eingeführt wurde, ist man dort stolz auf die Errungenschaften der Moderne. Das war einer der Gründe, warum es zu dem Konflikt über Atomenergie kam, der Anfang 2016 fürs Erste beigelegt wurde.

Seit der Revolution von 1979 haben Ayatollah Khomeini und sein Nachfolger Ayatollah Chamenei zwar das Land umgestülpt; sie haben Iran zu einem religiös bestimmten Staat gemacht. Dort darf die Landesflagge nie auf Halbmast stehen; denn auf der Flagge steht das Wort »Allah«, und Gott erniedrigt man nicht. Aber die Ayatollahs haben sich an die überkommene Kultur gehalten. Zwar sind die Vereinigten Staaten von Amerika, das war Khomeinis Idee, der »Große Satan«. Aber trotzdem wird Englisch an den Schulen gelehrt, von früh an, wenn die Kinder noch klein sind. Bildung wird in Iran seit jeher hochgehalten, daran haben die religiösen Revolutionsführer nichts geändert.

Die Geburtenrate in Iran ist niedrig. Der Weltbank zufolge bekommt eine Frau heutzutage im Durchschnitt 1,7 Kinder. Der Grund dafür: In der Landwirtschaft arbeiten nicht mehr so viele Menschen wie früher. Dürre und andere Gründe haben zur Landflucht geführt. Heute arbeiten laut der offiziellen Statistik nur noch etwa zwanzig Prozent der Beschäftigten in der Landwirtschaft. Die allermeisten Eltern wollen, dass ihre Kinder eine gute Ausbildung erhalten. Studieren ist teuer, deshalb achten Väter und Mütter darauf, nicht allzu viel Nachwuchs in die Welt zu setzen.

In Iran gibt es einige englischsprachige Zeitungen. Die berichten über Politik und Wirtschaft, ein bisschen über Sport und ein ganz klein bisschen über Kultur. Alles, was gelingt, und gehe es lediglich um die Ankündigung einer möglichen Wirtschaftsvereinbarung mit einem auswärtigen Konzern, findet größte Beachtung. Das iranische Filmwesen wird zu Recht gepriesen. Die sogenannten weichen Themen – Wo mache ich Urlaub?, Wie gesund ist Rote Bete? – kommen nicht vor. Die Lektüre dieser Zeitungen macht staunen. Die Zeitungen wünschen, dass der Reformer Hassan Rohani die Präsidentschaftswahlen am 19. Mai gewinnen und seine zweite Amtszeit antreten möge. Sie schreiben das nicht in ihren Kommentaren, sie zitieren stattdessen Experten von außen, gern auch Westler.

Bei allen in Iran, die gelinde Ahnung von Wirtschaft haben, hat es sich herumgesprochen, dass der vormalige Präsident Ahmadinedschad dem Land schwer geschadet hat. Das fing an mit den Banken, die er zwang, Kredite zu vergeben, obgleich ganz klar war, dass diese nie zurückgezahlt werden könnten. Um nur eine Überschrift zu nennen, die wurde gedruckt am 17. April in der Teheraner *Financial Tribune.* »Ein Wirtschaftsexperte: Rohani erbte eine ruinierte Ökonomie.« Was die Zeitungen meinen, wird allein per Fakten vorgetragen. Herausgestellt wird, was Rohani bisher alles erreicht habe: Er hat die Inflation auf einen Bruchteil der früheren sagenhaften vierzig Prozent reduziert; er bemüht sich, Investoren ins Land zu holen. Rohanis Maßnahmen sind bei der Bevölkerung indes noch nicht angekommen. Der Brotpreis wird nach wie vor künstlich niedrig gehalten, was die Bäcker verärgert. Auch viele andere Wähler sind enttäuscht.

In den Kommentaren der Zeitungen hingegen geht es immer mal wieder hoch her. Die tun dem herrschenden Komment Genüge. Da wird dann erzählt, dass der amerikanische Präsident Barack Obama Syrien habe erobern wollen oder dass die *New York Times* ein »neokonservatives« Blatt sei. Man fragt sich, wie die Autoren dieser Artikel – sie zeichnen mit englischen Namen – es über sich bringen, solchen Quark zu verfassen. Gleichzeitig wird hemmungslos von amerikanischen Zeitungen und westlichen Nachrichtenagenturen abgeschrieben. Manchmal mit Quellenangabe, manchmal ohne. Die Wirtschaftsnachrichten sind halbwegs zuverlässig, mitunter freilich unfundiert optimistisch. Iran versteht sich als ein aufstrebendes Land. Die Wirtschaft ist das Thema.

Ein paar Tatsachen: Weil Iran – wegen Terrorismus-Vorwürfen und anderen Dingen – immer noch auf der Roten Liste der USA steht, ist es für international agierende Unternehmen schwierig, wirtschaftliche Kontakte zu Iran zu knüpfen. Wer zu tun hat mit Iran, läuft Gefahr, in den USA schwer belangt zu werden. Die französische Bank BNP Paribas hat fast neun Milliarden Dollar Strafe zahlen müssen. Das sitzt allen im Genick. Das Atomabkommen hilft da wenig, weil die USA darauf bestanden haben, dass Geschäftsbeziehungen mit Iran strikter Kontrolle unterliegen: Sowie ein Name eines Mannes, der zum Beispiel zu den »Revolutionsgarden« zählt, in einem Vertrag vorkommt, darf der Vertrag nicht geschlossen werden. Ein europäischer Banker hat sarkastisch gesagt: Früher, mit den scharfen Sanktionen, die Geschäftsbeziehungen praktisch unmöglich machten, habe man wenigstens gewusst, woran man sei. Doch heute sei alles völlig unklar.

Nun hat der Flugzeugkonzern Boeing es gewagt. Die iranische Flugzeugflotte ist veraltet – ungefähr so veraltet, wie die Maschinen der amerikanischen Fluglinie Pan Am es waren, die vor dem Ende der DDR dabei halfen, den Flugverkehr zwischen Westdeutschland und Westberlin zu gewährleisten. Boeing nahm sich ein Herz. Das Unternehmen hat mit Iran eine Vereinbarung für den Verkauf von mindestens dreißig Mittelstreckenjets abgeschlossen. Gegenüber der Regierung von Donald Trump hat Boeing argumentiert: Der neue Präsident habe doch gesagt, amerikanische Arbeitsplätze müssten gesichert werden. Mit den Verkäufen von Flugzeugen an Iran könne Boeing Tausende Arbeitsplätze in den USA garantieren. Davon abgesehen, war der Verkauf von Passagierjets auch zu Zeiten der Sanktionen nicht verboten. Aber weil Donald Trump sehr meinungsstark ist, wollte das Unternehmen Boeing sich absichern.

130

Soweit bekannt, hat die jetzige US-Regierung keinen Einspruch gegen den Verkauf der Flugzeuge eingelegt. Mittlerweile müsste eines in Teheran eingetroffen sein. Weil die Regierung des türkischen Präsidenten Recep Tayyip Erdoğan aus europäischer Sicht etwas schwierig ist und weil es in Istanbul schreckliche Attentate gegeben hat, bleiben die Touristen aus. Die Türkei brauchte die bestellte Boeing-Maschine nicht mehr. Also hieß es, sie werde umgehend nach Teheran geliefert. Darüber hinaus gibt es Kaufabkommen mit Airbus und dem italienisch-französischen Konsortium ATR, das Regionalflugzeuge produziert. Auch in Sachen Ölförderung und Gasförderung will Iran weiterkommen. Ohne Investitionen aus dem Ausland wird nicht viel passieren. Der französische Konzern Total ist diesbezüglich als »Vorreiter« beschrieben worden. Total hat in den USA wenig Anliegen. Deshalb kann der Konzern nicht viel verlieren, falls versehentlich der Name eines Mannes in einem Vertrag steht, der in den USA auf der Roten Liste steht.

Die iranischen Technokraten würden gern zweigleisig fahren. Einerseits möchten sie viel Öl und Gas fördern. Und dann, zum anderen, überlegen sie, wie sie Solarenergie fördern und dem Wassermangel begegnen können. Iran ist reich, aber es wird immer trockener. Grüne Pflanzen sind in Iran Freude und Stolz der Bürger. Während in afrikanischen Ländern Fettleibigkeit von Kraft und Wohlstand zeugt, ist es in Iran der Garten. In den großen Städten und an den Ausfallstraßen stehen kunstvoll beschnittene Koniferen. Gleich danach wird es aber vielerorts wüstenartig karg. Binnen kurzer Zeit wird Wassermangel Irans größtes Problem sein, möglicherweise größer als politischer Streit.

Man versucht, den Landwirten nahezulegen, nicht mehr anzubauen, was viel Wasser verschlingt: Reis und Obst. Stattdessen sollten sie sich auf Produkte verlegen, die auf trockenem Boden gut gedeihen und sich übrigens auch sehr gut auf dem Weltmarkt verkaufen: Safran und Pistazien sind die Favoriten. Iran ist das Land des Safrans. Der echte, dunkelrote iranische Safran sei Goldes wert, so wird erzählt. Der Westen sollte verstehen, dass Iran nicht von Hinterwäldlern bewohnt wird. Er ist, metaphorisch gesagt, ein Land von Gold und Safran.

6. Mai 2017

Gutes Gas, böses Gas?

Die Pipeline Nord Stream 2 wird zügig verlegt: Sieben Kilometer pro Tag. Die USA sind gegen das Projekt. Sie möchten ihr viel teureres gefracktes Gas an Europa verkaufen. Und die Europäer? Sie sind uneins.

Die Ostsee ist ein kleines Meer, das an viele Staaten angrenzt. Verglichen mit dem gigantischen Pazifik, aus dem urplötzlich ein Tsunami ersteht, ist die Ostsee eigentlich ein niedliches Meer – wäre da nicht die Überfischung, wären da nicht diverse diplomatische Scharmützel zwischen Russland und anderen Staaten. Und wäre da nicht der Meeresgrund: Derzeit wird die Gas-Pipeline Nord Stream 2 verlegt. Der Ingenieur, Jurist und Hochschullehrer Andreas Steininger, der schon das Projekt Nord Stream 1 beobachtet hat, sagt: »Weite Teile der Ostsee sind mit Kriegsmunition aus zwei Weltkriegen zugepflastert. Es ist unglaublich, was man alles findet.«

Zwei Verlegeschiffe sind für die Pipeline Nord Stream 2 unterwegs. Was da gemacht wird, übersteigt alle Laien-Vorstellung: Rund tausend Mann setzen pro Tag etwa sieben Kilometer Röhren auf den Meeresgrund. Die Verlegerouten wurden vorher geräumt. Bloß die internationalen Streitigkeiten sind noch nicht ausgeräumt. Auch deshalb arbeitet man so geschwind: Je mehr versenkt wird an Rohren, desto weniger kann es untergehen, das ganze Projekt.

In deutschen Medien wird gesagt, diese zwei Pipelines, die russisches Gas durch die Ostsee direkt nach Europa bringen, ohne Umweg über andere Staaten, seien politisch falsch. Dem Kanzler a. D. Gerhard Schröder, der das seinerzeit mit einschuhte, wird vorgehalten: Wegen seiner Männerfreundschaft mit Wladimir Putin sei er nicht in der Lage, Russlands üble Politik als solche zu sehen. Bemerkenswert ist, dass Angela Merkel, sie ist alles andere als eine Putin-Freundin, Nord Stream 2 auch für gut hält. Interessant ist weiterhin, dass beide Pipelines nicht deutsche, sondern europäische Projekte sind. Beteiligt sind: die französische Engie, die britische Shell, OMV aus Österreich, Uniper SE aus Düsseldorf und die mehrheitlich deutsche Wintershall.

Warum wird also vonseiten der EU dagegen gelästert? Osteuropäische Politiker wünschen, dass die Pipelines nicht um ihre Länder herumlaufen. Erstens ergibt der Durchfluss für Polen und vor allem die Ukraine eine Transitgebühr. Zweitens fürchten osteuropäische Staaten sich vor Russland. Was sie angeht, kann die Nato bei ihnen gar nicht genug Manöver abhalten und gar nicht genug – angeblich bloß gegen Iran gerichtete – Raketen stationieren. Dass Russland vielleicht gar nicht die Absicht hat, diese Länder je anzugreifen, kann man sich dort nicht vorstellen.

Als der eingangs erwähnte Professor Steininger einmal die Idee äußerte, es wäre gut gewesen, Russland beim Prozess der Nato-Osterweiterung und auch beim Assoziierungsabkommen mit der Ukraine intensiver mit einzubeziehen, musste er herbe Kritik einstecken. Dabei hatte er bloß sagen wollen: Bitte, auch der EU-Nachbar Russland hat Interessen, die sollten wir nicht völlig außer Acht lassen. Seither hat er das Gefühl, dass sich »die Blöcke der ›Russland-Versteher‹ und Russland-Kritiker fast feindlich gegenüberstehen, keiner dem anderen mehr zuhört und es daher auch schwierig ist, eine gemeinsame Strategie zu finden«.

Wenn Nord Stream 2 fertig ist, wird die Ukraine nach wie vor als Transitland gebraucht. Allerdings wäre die Menge des transferierten Gases bloß noch ungefähr halb so hoch wie bisher. 2017 erhielt die Ukraine rund drei Milliarden US-Dollar. Deutsche Mäkelleute sagen: Einen Staatshaushalt zu einem Teil darauf aufbauen, dass man russisches Gas passieren lässt, das könne der ökonomischen Weisheit letzter Schluss nicht sein.

Die dänische Regierung zögert die Entscheidung für eine Genehmigung der Verlegeroute hinaus, obwohl bereits zwei genehmigungsfähige Routen vorliegen. Ein paar Kilometer von Nord Stream 2 würden durch dänisches Hoheitsgebiet laufen. Fragt man Experten vom Ost-Ausschuss der Deutschen Wirtschaft, bekommt man die einhellige Antwort: In Dänemark seien, wie einer es formuliert, »viele Amerikaner herumgesprungen«. Soll heißen: Es wird Druck ausgeübt. Das ist plausibel. Die Route von Nord Stream 1 hat die dänische Regierung seinerzeit sofort erlaubt. Nord Stream 2 läuft parallel zu Nord Stream 1. Der Geisteswandel in Kopenhagen kann mit dem Verlauf der Pipeline also eigentlich nichts zu tun haben. Zur Not wird Nord Stream 2 um die dänischen Hoheitsgewässer bei der Insel Bornholm eine Kurve machen.

Die Verkündigungen der Vereinigten Staaten und ihres erratischen Präsidenten Donald Trump sind der internationalen Verständigung nicht eben zuträglich. Der US-Kongress hat im Jahr 2017 ein Gesetz verabschiedet, den Countering America's Adversaries Through Sanctions Act« (CAATSA). Auf Deutsch, grob: »Gegen Amerikas Gegner mit Sanktionen vorgehen«. An der Hochschule Wismar hat Steininger vor einigen Jahren das Ostinstitut/Wismar gegründet, welches die Rechtsentwicklung in und in Bezug auf Russland beobachtet.

Auch die amerikanischen Sanktionen wurden analysiert. Das Ergebnis ist beunruhigend: 2017 hat der Kongress der

USA verfügt, dass nicht allein die heimischen, sondern auch ausländische Unternehmen, die mit Russland über eine gewisse Marge hinaus Handel treiben, mit Sanktionen belegt werden können.

Steininger nennt das »ein Damoklesschwert«: Ginge es nach CAATSA, dann dürften die Unternehmen, die an der Pipeline bauen, nicht mehr in die USA exportieren. Auch europäische Mittelständler, die gern möglichst in alle Richtungen exportieren, machen sich Sorgen. Es ist unbegreiflich, was in den USA an politisch-ökonomischem Quark fabriziert wird. Zum Glück wurde von dieser Ermächtigungsgrundlage CAATSA noch nicht Gebrauch gemacht – die Drohung aber bleibt.

28. Juni 2019

P. S. Ende 2020, noch unter Präsident Trump, nahm das US-Repräsentantenhaus in das neue Militärbudget einen Passus auf, demzufolge Unternehmen in aller Welt mit Sanktionen belegt werden können, wenn sie sich an Arbeiten für Nord Stream 2 beteiligen. Selbst der eher timide deutsche Außenminister Heiko Maas erklärte daraufhin: »Wir brauchen nicht über europäische Souveränität zu reden, wenn dann darunter verstanden wird, dass wir in Zukunft alles nur noch machen, wie Washington es will.«

6

Im Reich der Klugen und der Besserwisser: Die Wirtschaftswissenschaften

Der berühmte Ökonom John Maynard Keynes hat einst geschrieben: Wenn Ökonomen fähig wären, sich nicht allzu sehr hervorzutun, sondern bloß kompetent zu wirken, so wie Zahnärzte es machen, aber mehr nicht: »das wäre großartig«. Zu Keynes' Zeiten war das Zahnarztwesen noch ein für die Patienten erbarmungslos-gruseliges Geschäft. Davon abgesehen, hatte Keynes recht: Viel Übles ist angerichtet worden, weil Wirtschaftsprofessoren meinten, die Weisheit gepachtet zu haben, und von den frühen 1970er-Jahren an Politiker fanden, die ihnen glaubten.

Die »Chicago Boys« – so genannt, weil sie an der University of Chicago lehrten –, besonders erfolgreich vertreten von Milton Friedman, pflanzten amerikanischen, britischen, südamerikanischen und anderen Regierungschefs die Idee ein, dass staatliche Regulierung von Übel sei: Staaten könnten nicht haushalten, seien wirtschaftlich ineffizient; mit der Erhebung von Steuern würden sie die Bürger an der Entfaltung ihrer Möglichkeiten hindern, ja sie um ihre Freiheit bringen.

Erst in der zweiten Dekade des dritten Jahrtausends hat sich herumgesprochen, auch bei der Mehrheit der Ökonomen, dass diese Haltung verblendet war. Milton Friedman und Kollegen haben Zahnärzte der 1920er-Jahre bei Weitem übertroffen: Der kompetente Zahnarzt verursachte großen Schmerz, konnte aber immerhin helfen; die Lehren der Chicago Boys hingegen brachten ganze Volkswirtschaften zu Boden. Was Adam Smith (1723 bis 1790) über Wirtschaft geschrieben hat, ist hingegen luzide und bis heute anwendbar. Allerdings war Smith ein Universalgelehrter; er war Wirtschaftstheoretiker, Moralphilosoph, Gesellschaftsbeobachter, weshalb ein jeder in seinem Werk findet, was er dort sucht. Man darf Smiths Werk deshalb als die »Bibel« aller Ökonomen bezeichnen. Auch in der Bibel findet eine jede, was sie sucht.

Der Kapitalismus ist faszinierend. Das Wort wurde erst im 19. Jahrhundert erfunden. Karl Marx sprach von »kapitalistischer Produktionsweise«. Aber was den Kapitalismus ausmacht, hat seine Wurzeln in der Antike. Interessante Fragen sind: Wie kam es überhaupt zur Geldwirtschaft? Warum wurde Papiergeld eingeführt?

Kapitalismus: ein Spiel

Der Kapitalismus ist in der Krise. Auch seine Anhänger sind besorgt. Das ist nicht nötig. Diese Wirtschaftsform wird alles überleben. Sie sollte allerdings reformiert werden.

Die ganze Chose findet sich in dem Brockhaus-Lexikon *Wirtschaft* von 2008 recht gut zusammengefasst: »Im Kapitalismus werden die wirtschaftlichen, sozialen und politischen Verhältnisse vor allem von den Interessen derer bestimmt, die als Unternehmer über das Sach- und Finanzkapital verfügen. Konstitutiv für den Kapitalismus ist weiterhin der unbeschränkte, vom Gewinnstreben angetriebene Wettbewerb zwischen den Unternehmen, die auf dem Markt in Konkurrenz um die Nachfrage nach ihren Produkten treten.«

Hinzuzufügen ist, mit dem Sozialhistoriker Jürgen Kocka gesprochen, dass halt das Kapital im Kapitalismus »zentral« ist, »und damit verbunden, ein wirtschaftliches Verhalten mit einer bestimmten Temporalstruktur: Man benutzt Ressourcen der Gegenwart für Investitionen in der Erwartung größerer Vorteile in der Zukunft ... Wandel, Wachstum und Expansion sind dieser Form des Wirtschaftens eingeschrieben, jedoch in unregelmäßigen Rhythmen, in Auf- und Abschwüngen, unterbrochen durch Krisen.«

Viel ist in den vergangenen Jahren über ein mögliches Ende des kapitalistischen Systems diskutiert worden. Das ist

Mumpitz. Der Kapitalismus ist überlebensfähig wie eine Keller-
assel, ein Insekt, das Biologen zufolge nach einem weltweiten
Atomkrieg lebendig übrig bleiben würde.

Karl Marx hatte seine Kapitalismuskritik auf Hegel und
dessen Idee von Dialektik aufgebaut. Simpel gesagt, ist das so:
Eine Sache wird so lange fortgetrieben, bis sie, eben weil sie
funktioniert, die ihr innewohnenden Widersprüche gebiert
und zum Wirken bringt. Dann kippt alles um und wird neu
sortiert. Marx meinte, der Kapitalismus werde abgelöst und in
eine Herrschaft aller für alle münden. Diese Annahme war
falsch: Der Kapitalismus erneuert sich von selbst und in sich
selbst. Der Ökonom Joseph Schumpeter (1883 bis 1950) sprach
von »kreativer Zerstörung«. Heute wird – weil das aus dem
amerikanischen Englisch übernommen ist und daher schicker
klingt – von »Disruption« geredet.

Die Globalisierung hat den Kapitalismus in die Bredouille
gebracht: Es ist mittlerweile verbreitete Ansicht – nicht die Gewerkschaften, sondern die Coronaviren machten es möglich –,
dass die Verlagerung von Arbeitsplätzen in Länder, wo Hun-
gerlöhne gezahlt werden, von den Unternehmen der wohlhabenden Länder überdacht werden muss.

Dem Kapitalismus wird das nicht schaden, der floriert immer. Um abermals Jürgen Kocka zu zitieren: Der Kapitalismus
sei unter allen möglichen Regierungsformen möglich, »in demokratischen wie in autoritären und diktatorischen Herr-
schaftssystemen«. Der Wirtschaftshistoriker Werner Plumpe
sieht das ähnlich: Mit Kapitalismus lasse sich »das Regelwerk
eines bestimmten Spiels bezeichnen, das nicht ein für alle Mal
feststeht, sondern sich im Laufe der Zeit entsprechend der je-
weiligen technischen Möglichkeiten, der normativen Vorstellungen und der institutionellen Zwänge ändert, auf jeden Fall
ändern kann, vielleicht sogar ändern muss«.

Ändern muss sich der Kapitalismus in der Tat. Es geht nicht an, dass die von der Produktion sichtbarer, anfassbarer Waren abgekoppelte Finanzwelt zunehmend das Wirtschaftsgeschehen bestimmt. Unerträglich ist die Gefahr für börsennotierte Unternehmen, dass Wetten auf den Fall des Werts ihrer Aktien lukrativ sein können. Schon gleich gar nicht tolerabel ist, dass erfolglose Manager ein Unternehmen vor die Wand fahren können und dafür auch noch prächtig entlohnt werden. Letzteres läuft übrigens dem Selbstverständnis gestandener Kapitalisten aller Jahrhunderte zuwider.

Man geht ein Risiko ein, man investiert, man hat beim Aufbau eines Unternehmens vielleicht manch schlaflose Nacht, man beutet die Arbeiter aus; wenn alles glattläuft, darf man reich werden und kann sich guten Gewissens des Sonntags in die vorderste Bank in der Kirche setzen: Alles das gehört zum Kapitalismus. Dass aber ein Unternehmen sich vom Staat und also den Steuerzahlern nach erwiesener Unfähigkeit des eigenen Managements oder schlicht wegen »Pech gehabt« vor der Insolvenz retten lässt, einfach bloß weil der Konzern zu groß geworden ist, als dass er zusammenklappen dürfte, hat mit dem herkömmlichen kapitalistischen Grundverständnis nichts zu tun.

Jürgen Kocka, der den Kapitalismus studiert hat, wie früher dessen Gegner es gern taten, hat eine interessante Beobachtung gemacht: »Die enge Verbindung von Aufstieg und Kritik des Kapitalismus« sei vor allem »ein Phänomen der europäischen Geschichte«. Seit Jahrzehnten kommt in Europa an, was in den USA ersonnen und für modern gehalten wird. Derzeit laufen eine kurzfristige und eine langfristige Entwicklung zusammen: Der Euro wird im Vergleich zum Dollar immer stärker. Das hat mit Trumps Regentschaft zu tun und mit der Politik der amerikanischen Federal Reserve Bank, die die Inflation in die Höhe schießen lässt, weil sie anders der immensen Staatsverschuldung und den wirtschaftlichen Problemen des Landes nicht zu begegnen weiß.

Die andere Entwicklung ist dauerhafter. In dem Maße, da die weltweite Ungleichheit als Problem erkannt worden ist, gibt es konventionelle amerikanische Wirtschaftsfachleute, in deren Augen die Vereinigten Staaten nicht mehr als Lehrmeister dastehen. Anne Case und der Wirtschaftsnobelpreisträger Angus Deaton argumentieren in ihrem Buch über »die Zukunft des Kapitalismus« (*Deaths of Despair*, 2020), dass viele europäische Länder mit der Einrichtung des Wohlfahrtsstaats nach 1945 es besser gemacht hätten als die Amerikaner. Die europäische Kapitalismuskritik: Sie hat sich am Ende ausgezahlt!

9. Oktober 2020

Krise des Kapitalismus

Auch die Sowjetunion funktionierte nach kapitalistischen Kriterien – auf jeden Fall im Außenhandel mit der westlichen Welt. Dieses System ist in der Tat nicht zu schlagen. Und genau das wird die Menschheit dem Untergang nahe bringen, sofern man sich nicht auf mehr Kooperation besinnt.

Manche fragen, warum in deutschen Medien über die Flutkatastrophe in Bangladesch, die etliche Millionen Menschen um ihr Zuhause und viele um ihr Leben gebracht hat, weniger berichtet wird als über die Verwüstungen, die der Hurrikan *Irma* in Florida angerichtet hat und die, so schlimm sie auch sind, weniger Menschen betroffen haben als die Fluten in Bangladesch.

Eine simple Antwort ist, um den ehemaligen US-Präsidenten Bill Clinton zu zitieren: »It's the economy, stupid.« *Irma* hat bisher Versicherungsschäden von zwanzig bis vierzig Milliarden Dollar verursacht. Was hingegen ist der Wert von Hunderttausenden Hütten, gebaut aus Palmzweigen und Bambus, in Bangladesch? Wie die wieder aufgebaut werden, interessiert Hilfsorganisationen, nicht aber das System und daher auch nicht die Medien. Das System heißt Kapitalismus. Und das sieht schrillen Zeiten entgegen.

Der fantasievolle Ökonom Joseph Schumpeter sprach von der »schöpferischen Zerstörung« des Kapitalismus: Geht eine Produktionsweise vor die Hunde, wird sie durch eine andere, an neue Umstände besser angepasste ersetzt. Die Idee war gut, viel sprach dafür. Aber sie gilt nicht mehr, seitdem ganz klar geworden ist, dass das gesamte kapitalistische System auf dem Raubbau an der Natur beruht. Mittlerweile sind vierzig Prozent aller Ackerflächen auf dem Globus übernutzt, der Boden wird ausgelaugt. Der Regenwald am Amazonas, die »grüne Lunge der Welt«, wird abgeholzt.

Der 2016 verstorbene Chef der Faber-Bleistift-Werke, Anton-Wolfgang Graf von Faber-Castell, erzählte einmal stolz, dass er für seine Bleistifte in Südamerika auf abervielen Hektar Holz »nachhaltig« habe anpflanzen lassen. In der Broschüre, die er dann werbend übersandte, war ein Bild zu sehen: Monokultur, so weit das Auge reicht. Das ist gut gemeinter angewandter Kapitalismus, wenn auch schlecht für alle Tierarten, die zum Leben anderes brauchen als Bäume, die schon beim Wachsen quasi Bleistifte sind. Wenn die Tiere nicht leben können, kann auch irgendwann der Mensch nicht mehr leben.

Der Kapitalismus schließt die Vorstellung von Kooperation nicht ein. Es geht um Angebot und Nachfrage, es geht um Profit. Indes, ohne internationale Kooperation im Hinblick auf die Umwelt werden die Menschen ihre Lebensgrundlage, die Erde, kaputt machen.

Was die nahe Zukunft angeht: Haben die Finanzmärkte aus der Finanzkrise gelernt? Die Antwort ist leider: Nein, bestenfalls sehr wenig. Zwar haben die USA – wie es mit guten Gründen heißt: besser als die Europäische Union – den Banken auferlegt, auf ihre Finanzen achtzugeben und nicht in der Gegend herumzuspekulieren. Hedgefonds machen aber jetzt schon wieder, was zur Krise von 2007 führte. Das Zaubermittel heißt »Bespoke Tranches«. Das Wort »bespoke« ist eher bekannt aus einem anderen Gewerbe: Da geht es darum, dem Herrn, sei er zu dick oder zu klein, einen guten Anzug auf den Leib zu schneidern. Die Bespoke Tranches sind das krasse Gegenteil: Da geht es um Kreditausfall-Swaps. Es werden lauter Kredite gebündelt, und die werden verkauft, dies in der Form, dass man darauf wetten kann, ob auf die Kredite bezahlt wird oder nicht. Das alles wird nicht reguliert. Von einem passenden Anzug kann keine Rede sein.

Laut der *Financial Times* belief sich die Summe der »Credit Default Swaps« in der ersten Hälfte dieses Jahres auf zwanzig bis dreißig Milliarden Dollar. Man könnte sagen: Zehn Milliarden mehr oder weniger möchten sich doch feststellen lassen; aber das Geschäft ist offenbar so undurchsichtig, dass selbst darauf spezialisierte Fachleute nicht wissen, was sich da abspielt.

Das Problem des heutigen Kapitalismus besteht darin, dass es keine Beziehung mehr gibt zwischen Geld und Wertschöpfung. Früher stand die Menge des vorhandenen Geldes noch in irgendeinem Bezug zu den Waren, die erzeugt, und den Werten, die geschaffen waren. Heute kreisen täglich, so schreibt die Journalistin Ulrike Herrmann in ihrem luziden Buch *Kein Kapitalismus ist auch keine Lösung*, vier Billionen Dollar um den Globus, während die gesamte echte Wirtschaftsleistung der Welt pro Jahr nur vergleichsweise jämmerliche 73 Billionen Dollar betrage. Das heißt: Die Finanzmärkte haben längst übernommen. Was Stahlwerke, Autohersteller, Supermarktketten, ja selbst Apple und Facebook an Geld verdienen, ist nichts im Vergleich zu dem, was an Derivaten und anderen Finanzprodukten unterwegs ist. Das ist geschaffenes Geld, das nur virtuell existiert, aber dennoch die Weltwirtschaft lähmen kann, weil dieses Geld, oft von Computern gesteuert, in dieselbe Richtung fließt und damit wirtschaftliche Blasen erzeugt und andernorts grundlos zu Kapitalnot führt.

Was dem kapitalistischen System auch noch zu schaffen machen wird, ist die Automatisierung. Manche Leute meinen ja, die vielgehörte These, wonach uns die Arbeit ausgeht, stimme nicht. Nun ja. Derzeit wird geschwärmt von naher Zukunft, in der schlurfende oder – das wird vorgezogen – gleitende Automaten in Altersheimen eingesetzt werden sollen, um betagte Menschen zu versorgen, die nach diesem Konzept bestenfalls als lästige Insassen auf Abruf bezeichnet werden können. In der Gegenwart ist schon machbar und geplant, Turnschuhe per 3-D-Drucker anzufertigen. Demnächst will eine chinesische Firma 1,2 Millionen T-Shirts produzieren lassen, pro Jahr, automatisiert, in den USA. Die Näherinnen in Bangladesch, die eines Tages nicht einmal mehr ihren miesen Lohn bekommen, werden sich bedanken.

15. September 2017

Alles Streben: Illusion

Adam Smith gilt als Begründer der Wirtschaftswissenschaft. Auf ihn berufen sich Leute von heute, die komplett unterschiedliche Ansichten haben. Was ist die »unsichtbare Hand«?

Es gibt nichts Neues unter der Sonne. Dieser Satz ist ungefähr 2000 Jahre alt, stammt aus der Bibel und ist von beständiger, durchaus beruhigender Geltung. Im 18. Jahrhundert, zu den Zeiten von Adam Smith, der als Begründer der Wirtschaftswissenschaft geehrt wird, gab es zwei Ansichten: Manche meinten, der Staat solle mit seiner Politik inländische Unternehmen fördern: Zölle seien nötig, damit nicht fremde Waren zu günstigeren Preisen heimische Manufakturen in die Bredouille bringen. Andere meinten, auf den Export komme es an. Smith setzte auf internationale Handelsbeziehungen und hielt Zölle für ein Symptom nationaler Engstirnigkeit.

Rund 250 Jahre später stehen wir an derselben Stelle. Deutschland ist, mit einem Körnchen Salz gesagt, ein Musterschüler der Lehren von Adam Smith. Deutsche Unternehmen setzen auf Exporte. Die Regierung wollte das transatlantische Freihandelsabkommen TTIP unterschreiben. TTIP scheiterte. Das lag nicht daran, dass Hunderttausende in Deutschland sowie anderen Ländern – übrigens: mit guten Gründen – dagegen demonstrierten; es lag an Donald Trump, der alles schlecht findet, was nicht auf seinem eigenen Mist gewachsen ist. Was hätte Adam Smith dazu gesagt? Er hätte – möglicherweise – die Perücke vom Kopf gezogen, um sich in abgeklärter Enerviertheit die Haare zu raufen: Immer wieder dasselbe. Smiths Œuvre ist ein Phänomen, fast so schillernd wie die Bibel. Jeder kann sich auf ihn berufen. Und seine Exegeten bemühen sich, je nach wirtschaftspolitischer Couleur, die eine oder andere seiner Bemerkungen zu unterstreichen. Die Neoliberalen der Chicagoer Schule sahen sich in der Nachfolge Smiths: Der habe auch schon gesagt, der Markt werde alles richten, politische Vorgaben seien meistens kontraproduktiv. Als Donald Trumps Vorgänger, Barack Obama, 2013 den staatlich oktroyierten Mindestlohn einführen wollte, erwähnte er als potenziellen Unterstützer wen? Adam Smith. Letztlich dreht sich die gesamte Debatte um die Idee von der »unsichtbaren Hand«, Smiths nebenbei geäußerte Vermutung, dass alle Einzelnen, die bloß für sich selbst sorgen, am Ende ungewollt das Gemeinwesen stützen. Was ist die unsichtbare Hand? Der ökonomisch linksliberale Nobelpreisträger Paul Krugman meinte einmal: Sie sei eben deshalb unsichtbar, weil ihr Abdruck im Wirtschaftsleben nicht zu erblicken sei.

Das *Journal of Philosophical Economics* hat einen weite Denkräume öffnenden Namen: Journal für Wirtschaftsphilosophie. Darin haben Flavia Di Mario (Middlesex University in London) und Andrea Micocci (er lehrt in Rom an einer eher unbekannten Universität namens Link Campus) 2017 einen Aufsatz publiziert, der es in sich hat. Ein Irrtum sei die Annahme, beim Konzept der unsichtbaren Hand gehe es um unbeschränkten Wettbewerb. Ein weiterer Irrtum sei die Annahme, Smiths Satz beziehe sich auf »den Markt«. So weit werden fast alle zustimmen: Smith war an Geschicken der Märkte weniger interessiert. Er war vielmehr der Erste, der das heute in Mode gekommene Fach Verhaltensökonomik auslotete: Wie reagieren die Menschen auf die Umstände, in denen sie leben?

Was die Wohlhabenden angeht, sah Smith das so: »Die Fassungskraft seines Magens steht in keinem Vergleich zur Größe seiner Bedürfnisse, und er verträgt nicht mehr als der geringste seiner Bauern.« Was der Reiche nicht selbst essen könne, müsse er nolens volens unter denen verteilen, die ihm das Essen auf den Tisch bringen: Die »Kaprizen« der Reichen würden den Armen Arbeit und Essen geben. Die Rede ist vor allem von Landbesitzern: Der Kontakt zu den Bauern ist direkt; eine unsichtbare Hand braucht es dabei nicht.

Smith schrieb, auf die Armen und die Aufstrebenden bezogen: »Sie werden von einer unsichtbaren Hand geführt, ungefähr so, dass alles Nötige für das Leben verteilt wird, als ob die Erde für alle in gleiche Teile aufgeteilt wäre, sodass, ohne es zu beabsichtigen, ohne es zu wissen, sie zum Gedeihen der Gesellschaft beitragen.« Glück, schrieb Smith, sei meistens eine Illusion. Die Angehörigen der unteren Schichten würden auch gern so »glücklich« sein wie die der oberen: »Der Arme sucht nach Profit, in der Hoffnung, eine Rente«, anders gesagt: regelmäßige Einkünfte »zu erhalten, die ihm Sicherheit und das Nichtstun ermöglichen, wie die Großen es genießen, und dazu Respektabilität.«

Di Mario und Micocci zufolge verstand Smith die unsichtbare Hand als das, was in einer Klassengesellschaft die Menschen dazu antreibt, ihren Status zu verbessern. Die Leute wollen etwas aus sich machen, sie wollen auch so gut leben wie die Angehörigen der Oberschicht. Ganz klar ist und war: Das wird den meisten nicht gelingen. Smith hat das natürlich gewusst. Er beschrieb lediglich, was die Wirtschaft am Laufen hält: die Sehnsucht, sich zu verbessern. Das, so die Autoren, verberge sich hinter der Formulierung »unsichtbare Hand«.

Adam Smith war allen mathematisch rechnenden Wirtschaftsexperten der Gegenwart weit voraus. Er schaute auf die Menschen. Seit der weltweiten Finanzkrise, die 2007 in den USA begann, haben die Ökonomen, die meinen, menschliches Verhalten mit mathematischen Formeln berechnen zu können, keinen guten Stand. Die meisten ihrer Berechnungen waren falsch. Ihnen wäre die Lektüre von zwei Büchern Adam Smiths zu empfehlen: *Theorie der ethischen Gefühle* (1759) und *Untersuchung über Wesen und Ursachen des Reichtums der Völker* (1776).

Soweit bekannt, hatte Adam Smith keine große Liebschaft. Nicht allein das Lebensglück, auch erotische Freude hielt er für eine Illusion. Als kluger Mann, der er war, setzte er hinzu: »für die meisten«.

29. November 2019

Tu Geld in deinen Beutel

Seit wann gibt es Geld? Wie kamen frühe Kulturen dazu?
Die Theorien von Adam Smith und Aristoteles sind falsch.
Vor der Erfindung des Geldes gab es die Ideen von Schulden und Kredit. Und der Kredit war oft nicht durch reale
Werte gedeckt – genauso wie heutzutage.

Ein Fünfzig-Euro-Schein wiegt weniger als sein Wert in Eiern
oder Kürbissen, die man schwerlich in der Hosentasche mit
sich herumtragen kann. Dieser Gedankengang war es, der
schon in der Antike den großen Aristoteles dazu bewog, eine
Theorie vom Ursprung des Geldes zu ersinnen, die auch noch
der gleichfalls große Adam Smith rund 2000 Jahre später für
richtig hielt: Im Lauf der zivilisatorischen Entwicklung seien
die Händler darauf gekommen, dass es lästig war, Getreide
gegen Rinder zu tauschen oder Kupfer gegen Salz. Was, wenn
der Käufer Getreide im Wert von lediglich einem halben lebenden Rind wünschte?

Die Tauschwirtschaft sei den Leuten auf die Dauer zu
mühsam gewesen, meinten Aristoteles und Smith, deshalb
hätten sie das Geld erfunden: leicht transportierbar, leicht
konvertierbar. Es galt ihnen als eine Ware, die beim Tausch
von Eiern in Kürbisse zwischengeschaltet wurde.

Die Idee war gut und plausibel. Leider war sie falsch.
Denn bis heute hat die Archäologie nicht die geringsten Relikte einer Ökonomie zutage gefördert, die auf Tauschwirtschaft
beruhte. Soweit wir wissen, hat in den Jahrtausenden, seitdem

Zivilisationen ihre jeweils eigene Art von Akten führen, kein Tempel, kein Herrscherhaus, keine Stadt sich allein mit der Tauschwirtschaft beholfen. Wie kam es also zur Erfindung des Geldes, von dem Horaz in einem seiner Briefgedichte sinngemäß schrieb: Verschaff dir Geld, wenn möglich auf ehrliche Weise, anderenfalls halt irgendwie.

Dass Geld nicht stinke, dachten nur Satiriker und Zyniker. Wie es zur Erfindung dieses einzigartigen Schmierstoffes kam, der immerfort Anlass zu Anstoß geboten hat, erzählt der amerikanische Finanzhistoriker William Goetzmann in seinem neuen Buch »Geld ändert alles« (*Money Changes Everything*). Es ist eine ganz andere Geschichte als die von Aristoteles und Adam Smith.

Mesopotamien, das Land zwischen Euphrat und Tigris, wo nach belesener alttheologischer Ansicht der Garten Eden lag, war vom Handel abhängig. Getreide, Kupfer und andere Güter mussten in die Städte gebracht werden. Ur – angeblich der Geburtsort des biblischen Abraham – hatte um 1800 vor der Zeitrechnung 25 000 bis 40 000 Einwohner, vielleicht sogar mehr.

Die mussten ernährt werden. Da kam die Subsistenzwirtschaft an ihre Grenzen, Handel war unabdingbar. Goetzmann zufolge war es freilich nicht die Erfindung des Geldes, die den Handel ermöglichte, sondern vielmehr das Finanzwesen. Dessen Geschichte begann irgendwann zwischen 7000 und 3600 vor der Zeitrechnung zwischen Euphrat und Tigris. Das Konzept von vertraglich vereinbarten Schulden ermöglichte die zeitliche Entzerrung von Bestellung und Lieferung. Seit Einführung der Schrift konnten Schulden buchhalterisch registriert werden. Es waren die Tempel, die damit begannen: Die Einwohner hatten schließlich ihre Abgaben zu leisten. Die wurden zunächst in Gerste notiert. Das war gut für die Versorgung der Priester, aber der Stadt war damit noch nicht weitergeholfen. Aus der Not der Städter, an Versorgungsgüter zu kommen, so meint Goetzmann, entwickelte sich allmählich ein Handelssystem.

Und das basierte eben nicht auf dem Austausch von Waren. Das wäre viel zu kompliziert gewesen. Das alte Sumer, wo die Stadt Ur lag, war ausgedehntes Land, aber nicht überall wuchs Getreide. Will man ein paar Rinder Dutzende Kilometer über Land treiben, um sie dort, wo das Getreide wächst, einzutauschen? Nein, das will man nicht. Vielmehr vereinbarten Händler untereinander, dass gelieferte Ware nicht sofort bezahlt werden musste. Es wurde Buch geführt, wer wem wie viel schuldet. Diese Positionen wurden gehalten, bis Kauf und Ankauf ausgeglichen waren – oder eben doch gezahlt werden musste. Letzteres erforderte eine weitere Innovation: Zinsen. Den mesopotamischen Verkäufern wäre es sauer aufgestoßen, wenn sie ohne Zinsen für ihre Ware erst viel später bezahlt worden wären.

Damals muss es eine Art von Rechtssicherheit gegeben haben, anderenfalls hätte man sich auf Verträge ja nicht verlassen. Sicher ist, dass der Tempel wirtschaftlich um 2000 vor der Zeitrechnung überfordert war. Daher sammelten die Händler von Ur sich in einem Finanzdistrikt. Von der Idee der Zinsen bis zu der des Investitionskredits dauerte es dann nicht mehr lang. Damals schon gab es Joint Ventures. Es gab Leute, die von den Krediten, die sie vergaben, leben konnten: Kapitalisten. Das Finanzwesen, da schließt Goetzmann sich der Forschung an, habe dafür gesorgt, dass die Allmacht der Obrigkeit beschränkt wurde. Später hat es die attische Demokratie ermöglicht.

Geld in Gestalt von Münzen, von denen Shakespeares böser Jago sagt: »Tu Geld in deinen Beutel«, kam vergleichsweise spät auf. Münzen wurden geprägt, weil es zu kostspielig war, die Reinheit eines Klumpens Silber zu eruieren. Da kam dann wieder der Souverän ins Spiel, der Herrscher, der Staat: als Garant für die Münzreinheit.

Silber war in Mesopotamien beliebt: Nützlich war es zwar nicht, dafür glänzte es und war selten, weil das meiste davon aus dem fernen Anatolien herangeschafft wurde. Zunehmend wurden Schulden in den Verträgen nicht bloß nach Gerste oder Rindern bemessen, sondern in Silber. Silber war oftmals lediglich ein Buchungswert: Man konnte reich werden, ohne beweisen zu müssen, dass die Kredite, die man vergab, in Silber gedeckt waren. So gesehen, hatten schon die Leute im vorantiken Mesopotamien das virtuelle Geld entdeckt. Die heutigen Finanzmärkte dürfen sich bei ihnen bedanken. Nur dass der Finanzmarkt in Ur das System nicht in eine Krise stürzte.

13. Januar 2017

Geld und Krieg

Der Krieg mag der Vater aller Dinge sein. Welche Seite siegt, ist freilich meistens eine Frage der Finanzen. Der Historiker Stig Förster gibt einen Einblick in die Arbeit an seinem Opus magnum. Es handelt von der deutschen Militärgeschichte seit der Frühen Neuzeit. Daraus kann man vieles lernen für die Gegenwart.

Im dritten Jahrtausend der Zeitrechnung beschleicht viele Zeitgenossen ein mulmiges Gefühl, wenn Angehörige einer führenden westlichen Großmacht erklären, im Namen von Freiheit und Demokratie sei wohl wieder einmal ein ausführliches Bombardement fällig. Zu allen Risiken, die militärische Eskapaden mit sich bringen, gesellt sich die Vermutung, aus Sicht dieser Leute könne das auch deshalb nicht schaden, weil damit der heimischen Waffenindustrie, die mit Wahlkampfspenden nicht knausert, auf die Sprünge geholfen wird.

In früheren Jahrhunderten mussten die Menschen in Kriegszeiten alles fürchten, aber nicht den Einfluss von Rüstungsunternehmen auf den Kriegsausbruch. Den Beginn des Dreißigjährigen Krieges zum Beispiel konnten die damaligen Kriegsunternehmer nicht per Spende begünstigen. Stattdessen warteten sie darauf, ihre Söldner und auch Geld an die Fürsten zu verleihen. Dafür nahmen sie bis zu 270 Prozent Zinsen per annum. Andere, die von Kriegen prächtig profitierten, waren Bankiers.

Das Thema »Geld und Krieg« ist bodenlos. Tief im blutigen Matsch stöbert der Historiker Stig Förster. An sich ein friedliebendes Gemüt, hat er sich frühzeitig auf die Militärgeschichte samt ihren sozialhistorischen Aspekten kapriziert.

Heutzutage gelten Söldner als brutale Lumpen. Nach ihren menschenverachtenden Einsätzen in der Folge von Bushs Irakkrieg 2003 sah die Firma Blackwater sich genötigt, den Namen zu wechseln.

Vor 500 Jahren war das anders: Zwar mordeten und vergewaltigten auch die damaligen Söldner, aber sie hatten einen Ruf als freie, mutige Männer. Den herrschenden Kleiderordnungen waren sie nicht unterworfen, weshalb sie in Seidenkostümen und federgeschmückt in die Schlacht zogen. Ihre pluderigen Gewänder sahen zwar fesch aus, waren aber bei Kälte und Regen scheußlich unpraktisch. Die Kostümierung hatten sie sich von den Schweizer Reisläufern abgeschaut, die als Söldner schon lange unterwegs waren. Merke: Das mittelhochdeutsche »Reise« bezeichnete einen Feldzug. Erst der heutige Massentourismus, da Tausende Kreuzfahrtsschiff-Touristen in eben noch friedvoll-lauschige Städte einfallen, erinnert an die ursprüngliche Bedeutung des Wortes.

Feuerwaffen gab es zwar im 16. Jahrhundert, doch konnte man selbst mit den avancierten Musketen nicht gut zielen. Neben Pfeil und Bogen waren bis zu fünf Meter lange Spieße die Waffen der Wahl. Das aus Letzterem sich bei Schlachten ergebende »Männerballett« stellte höchste choreografische Anforderungen an die Infanterie, zumal bei Begegnungen mit feindlicher Kavallerie: Alle gleichzeitig mussten im richtigen Moment die Lanzen senken. Erschwerend kam hinzu, dass die Männer unterschiedliche Mundarten sprachen. Verglichen damit, sind die Verständigungsschwierigkeiten bei der internationalen Mission ISAF in Afghanistan belanglos. Die frühneuzeitlichen Söldner, so sie die jüngste sommerliche Kampagne überlebt hatten, standen vor einem Problem: Im Herbst – keine Saison für Kriege – wurden die meisten entlassen und konnten zusehen, wie sie über den Winter kamen. Dann holten sie von den Bauern, was noch nicht gestohlen war.

Mitunter genügte das nicht. So kam es 1527 zum berühmten Sacco di Roma. Frankreich, Spanien, der Vatikan und das Habsburger-Reich stritten um die Vorherrschaft in Oberitalien. Die habsburgischen Truppen, Söldner des Kriegsunternehmers Georg von Frundsberg, hatten sich gut geschlagen. Weil der Sold aber ausblieb, begannen sie zu meutern. Sie beschlossen: »Der Papst ist schuld«, zogen gegen Rom, das unverteidigt war (Clemens VII., sparsam, hatte seine Truppen bereits entlassen), plünderten die Stadt und pressten dem Papst Lösegeld ab. So kann es kommen. Kein Wunder, dass die Fürsten begannen, sich für stehende Heere zu begeistern.

Söldner wurden mit Münzen bezahlt. Weil Geld zu Kriegszeiten die fatale Neigung hat, knapp zu werden, verfielen die Fürsten auf ein anfangs genial scheinendes Mittel: Sie ließen neue Münzen prägen, deren Silberanteil aber zugunsten von Blei und Zinn reduziert war. Während des Dreißigjährigen Kriegs betrieb Wallenstein – ein Kriegsunternehmer, der nicht bloß den Kaiser bediente, sondern gern auch auf eigene Faust Plünderungszüge anberaumte – die Münzverschlechterung in ganz großem Stil. »Das war«, sagt Stig Förster, »nichts anderes als Inflation.« Der wirtschaftliche Schaden war immens: »Irgendeiner musste ja dafür aufkommen, das waren die Unterschichten. Die konnten sich nicht mehr ernähren, weil ihre Münzen nichts mehr wert waren.« Natürlich wurden auch die kaiserlichen Truppen mit dem schlechten Geld bezahlt. Der Betrug, einmal erkannt, schuf Unmut und große ökonomische Unsicherheit.

Den Unfug der groß angelegten Münzverschlechterung hat dann erst Friedrich der Große im 18. Jahrhundert wieder angekurbelt. Allerdings hat der gewitzte Monarch dieses Geld nach seinen Kriegszügen wieder eingesammelt und – das war die damalige Art der Währungsreform – neue Münzen ausgegeben, was die Wirtschaft stabilisierte.

Für die nationale Souveränität und auch um der Inflation in Europa vorzubeugen, sind der CSU-Politiker Peter Gauweiler und Gleichgesinnte gegen den Euro-Rettungsschirm zu Felde gezogen. Zu Wallensteins Zeiten verkürzte Mord viele politische Prozesse. Für Gauweiler ist es enttäuschend genug, wenn seine Klagen vor dem Europäischen Gerichtshof in Luxemburg abgeschmettert werden.

Krieg ist teuer

Soldaten wollen bezahlt werden. Münzgeld an Soldaten auszugeben, erschien im 18. Jahrhundert zunehmend ineffizient. Geldscheine hingegen waren billig zu drucken und standen lediglich für das amtliche Versprechen, der Schein sei sein Geld schon wert. Die Einführung des Papiergeldes in Europa, sagt Stig Förster, »lief glatt vonstatten, wenn man eine einigermaßen funktionierende Finanzwirtschaft hatte, eine einigermaßen funktionierende Wirtschaft und – das ist entscheidend – Vertrauen«.

Nachdem Ludwig XIV. die französischen Staatsfinanzen ruiniert hatte, kam die Krone aus den Schulden nicht mehr heraus. Den Staatsbankrott vor Augen, war sie missmutig genötigt, 1789 die Generalstände einzuberufen, die neue Kredite bewilligen sollten – mit den bekannten Folgen. Um das Staatsdefizit zu beheben, gab die Nationalversammlung dann Assignaten aus, Schuldverschreibungen, die mittels der Einziehung der Kirchengüter später honoriert werden sollten. Die folgenden Revolutionskriege sorgten für einen Schuldenschnitt. Da war das Vertrauen der Franzosen erst einmal verflogen.

Großbritannien konnte auf die Ausbeutung seiner Kolonien bauen: Im Vereinigten Königreich verlief die Einführung des Papiergeldes reibungslos. Das Habsburgerreich wiederum hatte sich mit seinen Kriegen finanziell dermaßen übernommen, dass die Einwohner eher auf die Wiederkehr Christi setzten denn aufs Papiergeld.

Als Napoleons Truppen 1806 in Preußen einmarschierten, requirierten sie Vieh, Wagen und was sich sonst noch wegschleppen ließ. Dafür gab es einen Schein, gegen den die Besitzer sich in Paris den Gegenwert angeblich auszahlen lassen konnten. Einige Großbürger haben das später tatsächlich versucht. Sie beauftragten damit zum Beispiel das Frankfurter Bankhaus Oppenheim, das eine Filiale in Paris unterhielt: So entstand das internationale Finanzgeschäft.

Die Rothschilds wurden mächtig, weil sie in jeder großen europäischen Stadt Sprösslinge sitzen hatten: en famille, so die berechtigte Annahme, werde man einander schon nicht übers Ohr hauen.

Die Assignaten kamen im Ersten Weltkrieg wieder groß in Schwang, nur dass sie nun »Kriegsverschreibungen« hießen. Viele Patrioten haben sich mit deren Zeichnung erfolgreich um ihr Barvermögen gebracht. 1916 ging dem britischen Empire das Geld aus; ohne weitere Finanzhilfe hätte es um einen Waffenstillstand betteln müssen. Seine Goldreserven waren da längst schon an die USA verkauft, die Einkünfte aus den Kolonien an die USA überschrieben. Die Alliierten – Britannien, Frankreich und Italien – hatten sich bei den USA maßlos verschuldet. Auch deshalb, sagt Stig Förster, habe die Regierung von Präsident Woodrow Wilson sich nach anfänglicher Unlust dann doch am Ersten Weltkrieg beteiligt.

Hätten die Alliierten den Krieg verloren, wäre es für die USA eine finanzielle Katastrophe gewesen. Also halfen amerikanische Soldaten den Sieg erkämpfen und damit die Begleichung der Schulden. Um den Krieg zu führen, hatte natürlich auch die russische Regierung Unsummen aufnehmen müssen. Die Lösung dieses Problems ergab sich quasi nebenbei: Man machte Revolution, erklärte sich für kommunistisch und allen westlichen Staatsformen überlegen, womit die Frage der Schuldentilgung im Rahmen guter internationaler Beziehungen sich erübrigt hatte.

Zwar hätte die deutsche Reichsführung sich auch gern bei den Westmächten verschuldet. Weil sie mit denen nun aber in Fehde lag, war das bedauerlicherweise nicht drin. Man musste sich das Geld von der eigenen Bevölkerung holen. Unter viel anregendem, völkischem Tamtam gaben die braven Deutschen ihr Erspartes. Nach dem Krieg hatten die Auflagen des Versailler Vertrags – von Militärs und Politikern ersonnen, die auf Rache aus waren – bizarre Folgen: So musste Deutschland Hunderte Lokomotiven umsonst an Frankreich abgeben. »Mehr Dumping«, so Förster, »geht nicht. Die französische Lokomotivenindustrie wurde damit kaputt gemacht.« Seine Rolle als bedeutendster Handelspartner hat das Deutsche Reich im Ersten Weltkrieg verspielt.

Das brachte Unruhe in die Weltwirtschaft. Der Versailler Vertrag sah vor, Deutschland kleinzuhalten. Das, so Förster, »hat dem Welthandel den Rest gegeben«. Allenfalls ein mittelbarer Effekt des Versailler Knebelvertrags war übrigens die deutsche Hyperinflation von 1923. Die Regierung der Weimarer Republik ließ die Inflation kommen, weil der Staat sich damit der Verbindlichkeiten bei seiner Bevölkerung entledigen konnte. Das traf im Besonderen den Mittelstand – mit den bekannten nationalsozialistischen Folgen.

Hitlers Regierung, von 1939 an mit der Eroberung Europas und Russlands beschäftigt, war insofern besser dran als das Kaiserreich, als sie nötige Ressourcen aus unterworfenen Ländern bezog, oder aus furchtsamen, denen man mit Einmarsch drohen konnte. Aus Rumänien kam Erdöl, aus Schweden Eisenerz. Zur Schweiz unterhielt die NS-Führung exzellente Kontakte. Nach dem Krieg mussten die besten Diplomaten der Eidgenossenschaft sich den Mund fusselig reden, damit die USA die geplanten harten Sanktionen wegen der Kollaboration der Schweizer nicht umsetzten. Dies alles betrachtend, ist es erstaunlich, wie friedfertig europäische Staaten heute miteinander umgehen.

7. September 2018 / 21. September 2018

Verderbliches Wachstum

Mit dem Sieg der Alliierten über Nazi-Deutschland hat auch die Idee gesiegt, am Bruttoinlandsprodukt lasse sich der Wohlstand eines Landes ablesen. Das Wirtschaftswachstum hat politische Priorität. Die Endlichkeit der Ressourcen spielt da keine Rolle. Es ist Zeit, dass sich das ändert.

Dem Wirtschaftswachstum eines wohlhabenden Landes ist es zuträglich, wenn sich auf einer Autobahn eine Massenkarambolage ereignet. Was anschließend alles unternommen werden muss, um die Schäden an Leib und Material zu beheben, setzt viel Geld in Bewegung. Ärzte, Physio- und Psychotherapeuten bekommen zu tun, neue Autos müssen gekauft werden. So steigt das Bruttoinlandsprodukt, auf dem die Angaben über das Wirtschaftswachstum beruhen. Was ist da aber gewachsen? Gar nichts. Menschliches Elend und entstandener Sachschaden wurden, soweit möglich, behoben.

Das Wirtschaftswachstum ist eine heikle Größe. Der Erste, der das wusste, war der Erfinder des Bruttosozialprodukts, Simon Kuznets. Der aus der Sowjetunion in die USA emigrierte Ökonom erhielt in den 1930er-Jahren vom Kongress der USA eine schwierige Aufgabe: Er möge eruieren, wie man Amerikas nationales Einkommen bemessen könne. Die Politiker hatten keine Ahnung. Kuznets schlug vor, alle zu Buch liegenden Einkünfte zugrunde zu legen. Vergleicht man sie mit entsprechenden Ziffern der Vorjahre, hat man das Wirtschaftswachstum, aus dessen Entwicklung sich Weiteres ableiten lässt.

Kuznets Berechnungen zahlten sich wenig später aus, als die USA sich anschickten, gegen NS-Deutschland in den Krieg zu ziehen: Man musste wissen, wie viel industrielle Kraft in die Aufrüstung gesteckt werden konnte und wie viel für den heimischen Konsum aufgespart werden musste.

Mit dem Sieg der Alliierten über das Nazi-Reich hat auch die Idee gesiegt, das Bruttoinlandsprodukt besage alles über das Wachstum. Kuznets aber warnte: Mit seinen Zahlen könne er keine Angaben darüber machen, was unbezahlte Arbeit wert sei, die von Hausfrauen zum Beispiel: »Den Wohlstand einer Nation kann man schwerlich ableiten von der Bemessung des Inlandseinkommens.« Er ging noch weiter und sprach von der »Illusion«, die aus dem Missbrauch seiner Vorgaben resultiere, dies besonders dann, wenn soziale Gruppen verschiedene Interessen hätten. Man müsse zwischen »Quantität und Qualität« von Wachstum unterscheiden. Indes, alle seine Vorbehalte haben Kuznets nichts genützt: 1971 wurde er mit dem Nobelpreis für Wirtschaftswissenschaften ausgezeichnet (den er annahm).

Das Bruttosozialprodukt und das Wirtschaftswachstum sind nach wie vor maßgeblich. Wenn Politikern nichts anderes einfällt, reden sie vom Wirtschaftswachstum, das sie unterstützen, steigern und stetig – ja, was wohl – wachsen lassen wollen.

Mittlerweile hat sich nicht bloß bei Umweltschützern herumgesprochen, dass die Wachstumsidee das Ende der von Menschen bewohnten Welt herbeiführen wird, lange bevor die Sonne das Licht ausmacht. Der Mensch mit seinem Erfindungsreichtum bringt es zuwege. Jedes Jahr sterben Tausende Tierarten aus, die für den Haushalt von Flora und Fauna wichtig sind. Jedes Jahr wird weltweit so viel Wald abgeholzt, wie in einen größeren europäischen Staat hineinpasst. Das alles, wohlgemerkt, trägt zum Wirtschaftswachstum bei. Und deshalb wird dagegen ernstlich nichts unternommen.

Unternehmen müssen wachsen. Wenn sie das nicht tun, droht ihnen der Untergang. Warum eigentlich? Hilmar Kopper, von 1989 bis 1997 Vorstandssprecher der Deutschen Bank, meint, anders gehe es nicht. Mit Anspielung auf den Verkauf von Monsanto an Bayer sagt er: »Der eine verkauft die Generika, der andere verkauft seinen Pflanzenschutz. So geht das immer hin und her.« Für Banken gelte das übrigens auch.

Schweifen wir kurz ab auf schwänzelnde Mitbewohner in Stadt und Land: Bienen sind in Gefahr. Pestizide töten sie. Viel war über das weltweite Bienensterben in den vergangenen Monaten zu lesen. Was nicht in Geld taxiert werden kann, ist nichts wert. Bienenfreunde müssen es gewesen sein, die eruierten: Die volkswirtschaftliche Leistung der Bienen entspricht rund 200 Milliarden Dollar pro Jahr. Immerhin: Die EU hat das Überleben der geflügelten Kapitalerzeuger auf ihre Agenda gesetzt.

Hilmar Kopper kann sich sehr genau an den Bericht des Club of Rome von 1972 erinnern: *Die Grenzen des Wachstums.* Das war geschrieben, meint er, »um uns zu erschrecken«. Erschrocken wirkt er nicht. Wäre es nicht doch möglich, dass zumindest Unternehmen, die nicht börsennotiert sind, auf Wachstum verzichten und sagen: Unsere Rendite ist o. k., wir müssen nicht wachsen? Nein, sagt Kopper: »Um sich zu behaupten, muss ein Unternehmen neue Produkte auf den Markt bringen; das geht einher mit dem Erwerb oder der Entwicklung neuer Maschinen – und schon gibt es Wachstum.« Unternehmen, die Kredite aufnehmen, müssen schon deshalb wachsen, um Zins und Zinseszins zu bedienen. Dass dergleichen auf die Ausbeutung endlicher Ressourcen hinausläuft, sei ein trauriger Nebeneffekt.

Simon Kuznets warnte vergeblich vor seiner eigenen Theorie. Hätte er sie nicht entworfen, ein anderer hätte es getan.

Es gibt keine großen, viele Millionen ergreifenden Ideolo-
gien mehr? Oh doch: Der Wachstumsglaube, basierend auf
den Ziffern des Bruttosozialprodukts, ist eine Ideologie, und
zwar eine, die die Welt zugrunde richten kann. Mit dieser Pro-
blematik hat sich die britische Wirtschaftswissenschaftlerin
Kate Raworth befasst. In ihrem Buch *Die Donut-Ökonomie* (davon wird später in diesem Buch eingehender die Rede sein)
schreibt sie, Individuen, Unternehmen und Politiker müssten
das Ziel vor Augen haben, »to do no harm«, der Natur und
den Mitmenschen nichts anzutun. Produkte entwerfen,
Dienstleistungen einrichten, Gebäude errichten und Unternehmen so konzipieren, dass sie der seit Langem gebeutelten
Erde möglichst wenig Schaden zufügen. Machbar sei es.

1. Juni 2018

165

Was ist Neoliberalismus?

Seit den Achtzigerjahren griff die Meinung um sich, dass die Wirtschaft staatlicher Einmischung nicht bedürfe. Das wird Neoliberalismus genannt. Heute ist der Begriff fast schon zum Schimpfwort geworden.

Kleider machen Leute, heißt es. Eltern, die Mark Zuckerberg schon mal auf Fotos gesehen haben, können versucht sein, ihrem Kind zur Berufsvorbereitung einen Hinweis zu geben: Greif zu T-Shirt und Jeans, so wie der Facebook-Chef es macht; dann siehst du zwar nicht besonders gut aus, wenn du aber andauernd im Anzug herumläufst, wirst du nie Milliardär. An dieser Stelle muss kurz auf den Unterschied zwischen Kausalität und Gleichzeitigkeit hingewiesen werden. Schlecht angezogen zu sein und Erfolg haben geht einher mit dem Umstand, dass im Silicon Valley und zunehmend auch anderswo Schlips und Kragen weniger überzeugend wirken als das studentische Auftreten. Viele Fotos aus aller Welt belegen aber: T-Shirt-Träger werden nicht automatisch Millionäre.

Der Unterschied zwischen Kausalität und Gleichzeitigkeit hat sich auch bei den Hartz-IV-Gesetzen von 2002 geltend gemacht. Jahrelang war zu hören: Dank Hartz IV habe die Bundesrepublik ihre schlechte wirtschaftliche Lage überwunden. Mittlerweile sind zunehmend mehr Experten der Auffassung, die Hartz-IV-Gesetze wären in ihrer Strenge gar nicht nötig gewesen. Ende der 1990er- und Anfang der 2000er-Jahre habe es in Deutschland bloß eine Konjunkturflaute gegeben.

Warum hat der 1998 zum Kanzler gewählte Gerhard Schröder Hartz IV beschlossen und damit seiner Partei einen Bärendienst erwiesen? Der Niedergang der Volkspartei SPD liegt nicht zuletzt daran, dass Schröder dem damaligen Zeitgeist verfallen war, und auch ein wenig dem 1997 zum britischen Premierminister gewählten Tony Blair, der ihm vormachte, wie ein Mann der Labour-Partei die eigene Klientel links liegen lässt. Blair und ein bisschen dann eben auch Schröder samt dem SPD-Finanzminister Hans Eichel folgten der Wirtschaftsphilosophie des Neoliberalismus.

Das Wort »Neoliberalismus« ist auf absurde Weise umkämpft. Leute von links, Globalisierungskritiker und andere benutzen es gern, weil in ihrer Vorstellung darin gebündelt ist, wogegen sie sich auflehnen: das individuelle Profitstreben auf Kosten der Gesellschaft. Anhänger des ökonomischen Status quo fühlen sich von dem Wort beleidigt und verweisen darauf, dass die Kritiker in Wahrheit bloß »Liberalismus« meinen, den es nun aber wirklich zu verteidigen gelte.

Ist der Neoliberalismus noch zu retten? heißt das jüngste Buch von Colin Crouch. Der Professor hat bis zu seiner Emeritierung an der englischen Universität Warwick gelehrt. Mit seinen politologisch-soziologischen Büchern (vor allem *Postdemokratie*) hat er sich auch in Deutschland einen Namen gemacht. Crouch schreibt mit Bezug auf Friedrich August von Hayek, Ayn Rand und Milton Friedman: »Im Kern der neoliberalen Ideologie steht die Vorstellung, der Markt sorge vermittels seiner Mechanismen dafür, dass eine große Zahl von Individuen ihre Bedürfnisse nach eigenen Vorlieben befriedigen können, indem er den Produzenten von Waren und Dienstleistungen Anreize gebe, ihr Angebot an den Bedürfnissen der Konsumenten auszurichten.« Der Staat hingegen sei »in den Augen der Neoliberalen eine extrem inkompetente Institution«. Je weniger er sich bemerkbar mache, desto besser.

Wenn »liberale« Hayek-Freunde abermals hören, dass dieser als Neoliberaler bezeichnet wird, können sie sich vor stolzer Ermattung nur mehr mühsam entrüsten. Crouch hat trotzdem nicht unrecht: Er spricht von einer neoliberalen »Bewegung«, die Fahrt aufnahm, als von Hayek die 1979 gewählte britische Premierministerin Margaret Thatcher beriet. Alan Greenspan, von 1987 an Chef der Federal Reserve Bank der USA, war der Meisterdenkerin Ayn Rand innig verbunden. Rand hatte, bevor sie 1982 starb, viel Gelegenheit, ihrem Freund Alan zu erklären, dass der Staat beim Wirtschaften nur störe. Friedman für seinen Teil war ein unabhängiger Geist: Er plädierte für die Legalisierung von Drogen ebenso wie für Steuersenkungen, denn den Staat hielt er für den Zucker im Motor der freien Wirtschaft. Das Zweite kam dem US-Präsidenten Ronald Reagan zupass. (Von dem »Krieg gegen Drogen« und anderen militärischen Eskapaden hielt ihn das indes nicht ab.)

Seine Kritik am Neoliberalismus begründet Crouch so: »Jede Theorie gleicht einer Brille mit einem bestimmten Schliff. Man kann mit ihr nur wahrnehmen, worauf sie den Blick fokussiert. Verteilungskämpfe und dadurch verursachte Inflationsschübe, Finanzspekulation als Ursache von ›Bullen- und Bärenmärkten‹, ›unfreiwillige‹ Arbeitslosigkeit und vom Staat ›erlittene‹ Defizite – all das ist in der neoliberalen Theorie nicht vorgesehen.« Im Hinblick auf den Klimawandel, auf Umweltverschmutzung schreibt Crouch: »Für Neoliberale sind nur die Interessen derer von Belang, die auf dem Markt agieren.«

Weil Crouch den Neoliberalismus retten will, macht er einen Unterschied: Auf der einen Seiten stehen, der Theorie nach, jene, die das freie Spiel der Marktkräfte wollen. Das würde heißen: Hallo, Deutsche, eure Infrastruktur sollte komplett privatisiert werden; falls ihr in Hintertupfing wohnt, habt ihr dann leider Pech gehabt: Ihr wenigen Bürger von Hintertupfing seid eine Investition nicht wert; unser Unternehmen denkt gewinnorientiert. Es würde aber auch bedeuten: Europa dürfte seine Agrarwirtschaft zum Nachteil afrikanischer Anbieter nicht mehr subventionieren.

Auf der anderen Seite steht der »konzernfreundliche Neoliberalismus«. Der besteht darin, dass Großunternehmen sich mit ihrer Regierung absprechen. Crouch nennt das »ein tendenziell korrumpiertes Modell«. Letztlich findet er das aber besser als den reinen Marktkapitalismus: Der »konzernorientierte Neoliberalismus« mache »verantwortliches Geschäftsgebaren« besser möglich als der marktorientierte. Die Deutschen wissen das: In Unternehmensvorständen sitzen sogar Betriebsräte. Diese Art Kungelei hat dem Land nicht geschadet.

22. Februar 2019

Zaubern für die Wirtschaft

Der österreichische Ökonom Stephan Schulmeister preist die Soziale Marktwirtschaft. In seinem jüngsten Buch beschreibt er »die Schlacht« zwischen Keynesianern und Neoliberalen. Wie soll es mit der Wirtschaft weitergehen? Schulmeister unterbreitet Vorschläge.

Haben Sie, geehrte Leser, schon einmal von der Phillips-Kurve gehört? Ja? Nein? Der verstorbene Helmut Schmidt berief sich zwar gern auf den Philosophen Karl Popper, aber die Phillips-Kurve bestimmte seine Politik. 1972 sagte der SPD-Politiker: »Mir scheint, dass das deutsche Volk – zugespitzt – fünf Prozent Preisanstieg eher vertragen kann als fünf Prozent Arbeitslosigkeit.« Popper, dessen Denken mit so gut wie allem jenseits einer Diktatur vereinbar ist, zitierte er gern. Aber er glaubte an die Phillips-Kurve.

Aufs Erste gesehen, ist Schmidts Abwägung nicht verständlich: Was hat Arbeitslosigkeit mit Preisanstieg, also Inflation zu tun? Alban W. Phillips, der 1958 die Ergebnisse seiner statistischen Untersuchung britischer Arbeitslosigkeit präsentierte, hat denn auch nicht von Inflation gesprochen. Sein wichtigster Beitrag zur Wirtschaftswissenschaft – die Phillips-Kurve – ist plausibel: Wenn Arbeitslosigkeit abnimmt, gibt es für die Beschäftigten im Schnitt bessere Löhne. Denn wenn die Nachfrage nach Arbeit steigt, können Gewerkschaften bessere Tarife aushandeln.

Schon 1960 indes haben die Ökonomen Paul A. Samuelson und Robert M. Solow der Phillipps-Kurve einen Schlenker eingeschrieben: Wenn die Löhne steigen, dann geben Unternehmen die Lohnsteigerung an die Konsumenten weiter, die Preise werden höher, also gibt es mehr Inflation. Das war Wasser auf die Mühlen aller, die immer schon fanden, dass Arbeitnehmer nicht zu gierig werden sollten. Hinfort schien es den Politikern, dass sie sich entscheiden mussten: mehr Beschäftigung und mehr Inflation; oder satte Arbeitslosigkeit und weniger Inflation. Helmut Schmidt dachte zwar ziemlich konservativ, aber er war immerhin Sozialdemokrat genug, sich diesbezüglich auf die Seite der Arbeitnehmer zu schlagen.

Aus Sicht des österreichischen Wirtschaftswissenschaftlers Stephan Schulmeister ist die modifizierte Phillips-Kurve von enormer Bedeutung. In seinem Buch *Der Weg zur Prosperität* beschreibt er die Entwicklung des Wirtschaftswesens in der Eurozone. In den vergangenen Jahrzehnten standen auf der einen Seite jene, die für Arbeitnehmer und staatliche Regulierung des Geschäfts- und Finanzwesens argumentieren; auf der anderen Seite jene, die meinen, der Staat störe Unternehmen bei der Entfaltung ihrer Kräfte. Grob gesagt: Soll der Staat die Nachfrageseite stärken (indem er reguliert, Unternehmen Steuern auferlegt, bestimmte Finanzpraktiken beschränkt); oder soll er die Angebotsseite stärken (indem er sich möglichst heraushält und die Märkte ihrer Selbstorganisation überlässt)? Kurz: Es ging um den Kampf von Keynesianern gegen Neoliberale.

Diesen Kampf haben die Keynesianer in den 1970er-Jahren verloren. Das lag auch an der modifizierten Phillips-Kurve. Schulmeister spricht von der »Schlacht um die Phillips-Kurve«. Während des Ölpreisschocks 1973, als die Opec die Preise so erhöhte, dass in der Bundesrepublik das Benzin an den Tankstellen rationiert wurde, fand beides zugleich statt: eine wirtschaftliche Rezession und eine Inflation. Damit schien die modifizierte Phillips-Kurve widerlegt zu sein und damit, um ein paar Ecken weiter, der Keynesianismus. Seither, sagt Schulmeister, hatten die »Neoliberalen« Oberwasser. Heute gilt »neoliberal« als Schimpfwort. Neoliberale wollen lieber »liberal« genannt werden. So einfach will Schulmeister sie aber nicht davonkommen lassen. 1938 gab es ein Treffen in Paris, bei dem Ökonomen diverser Schulen sich als neoliberal bezeichneten. Sie und ihre Nachfolger, so Schulmeister, seien in einer gemeinsamen »ideologischen Ansicht« vereint; die bestehe »in der Skepsis gegenüber kollektiven Lösungen, wenn nicht gar in der totalen Ablehnung, egal ob Kommunismus, Sozialismus oder Sozialstaat«. Auch teilten sie ein Menschenbild: »Der Mensch wird nur als Individuum begriffen, nicht auch als soziales Wesen.« Die einstige britische Premierministerin Margaret Thatcher hat das mit der ihr eigenen Verve auf den Punkt gebracht: »So etwas wie ›die Gesellschaft‹ gibt es nicht.« Es gebe nur Familien und Individuen.

Die Deindustrialisierung ihres Landes hat Thatcher kräftig angeschoben. Großbritannien ist ein Weltzentrum der Finanzdienstleistungen geworden und damit von vielen Entwicklungen, die Schulmeister für schädlich hält. Völlig recht hat er mit seinem Plädoyer, Realwirtschaft gehe vor Finanzwirtschaft. Wenn ein Unternehmen etwas produziert, das man anfassen kann, ist das für ein Land etwas wert; kasinomäßige Spekulationen mit Währungen, Derivaten und anderen Finanzprodukten sind so nützlich wie ein Loch im Kopf.

Schulmeister plädiert für die »Förderung der Realwirtschaft durch Stabilisierung der Finanzmärkte«. Der Hochfrequenzhandel müsse unterbunden werden mittels elektronischer Auktionen, die alle zwei Stunden abgehalten werden. In der Realwirtschaft passiert binnen zwei Stunden in aller Regel nichts, den Kasino-Abenteurern wäre damit aber das Wasser abgegraben. Außerdem hält er eine Finanztransaktionssteuer für sinnvoll: 0,01 Prozent Abgabe auf jeden Kauf oder Verkauf ändern das Gebaren der Spekulanten. Schulmeister macht Vorschläge, wie die Abnutzung der Erde eingepreist werden könne. Er kämpft für den Sozialstaat.

Sein Buch heißt *Der Weg zur Prosperität*. In Shakespeares Theaterstück *Der Sturm* ist König Prospero ein Zauberer. Schulmeister ist ein Zaubermeister, dessen Vorschläge aber leider bis auf Weiteres wohl in den Wind gesprochen sind.

24. August 2018

Marmelade eimerweise

Einige Ideen, mit denen Wissenschaftler aufwarten, werden alsbald von Unternehmern oder Politikern umgesetzt. In manchen Fällen – wie dem Einzug der Chaostheorie in den Büroalltag – mag das witzig sein, anderweitig aber geschieht das zum Leid der Menschen.

Es gibt ein Lied, das früher auf Schulfahrten gern gesungen wurde. Die erste Strophe lautet so: »Die Wissenschaft hat festgestellt, festgestellt, festgestellt, dass Marmelade Fett enthält, Fett enthält. Drum essen wir auf jeder Reise, jeder Reise, jeder Reise, Marmelade eimerweise, eimerweise.« Die Melodie dazu lässt sich gut singen. Das Lied schildert recht genau, dass Menschen manche Regeln einfach nicht mitmachen wollen.

Weil die Wissenschaft heute das ist, was einst religiöse Doktrinen waren, wird mit Verweis auf die Wissenschaft gern gesagt: Was die doch alles festgestellt hat! Es gibt freilich einige Theorien, die in vergangenen Jahrzehnten zu Prominenz kamen, obwohl sie bescheuert waren. Hier sei an drei dieser ungaren oder halbgaren Theorien erinnert.

Da ist die Fraktaltheorie, auch als Chaostheorie bekannt: Anfang der 1990er-Jahre tauchte sie auf als geometrischer Stein der Weisen. Der Mathematiker Benoît Mandelbrot (1924 bis 2010) hat in seinem Buch von 1987 *Fraktale Geometrie der Natur* ältere mathematische Erkenntnisse auf die Umwelt angewandt. Als die Medien mitbekamen, wie diese Steilvorlage zu verwandeln war, ging es los.

Das Schlüsselwort ist »Selbstähnlichkeit«, also: die Wiederholung derselben Form vom Großen hin ins Kleine. Man schaue einen Blumenkohl an: ein umfänglich-barockes Gewächs. Man schneide einen Zweig ab: ein knospenreiches Ästlein. Und von dem Zweig kann man einen Spross nehmen, und siehe: schon wieder Knospen. Mag die Menschheit seit biblischen Zeiten durch ein chaotisches Tal wandeln, könne sie doch – so schien es vielen damals – zumindest im Verständnis das Chaos zähmen. Es war toll, es war aufmunternd. Nicht Unsicherheit herrschte, sondern Selbstähnlichkeit, die in der Natur zu walten schien, wo man hinsah – vor allem, wenn man nicht so genau hinsah: Aus der Vogelperspektive wirbt jede Küstenlinie mit lauter Zacken für ihre Vielfalt. Dann verkleinere man die Optik und betrachte bloß einen Ausschnitt der Küstenlinie. In der Tat: Ecken und Zacken. Dass diese aber nicht im Mindesten das große Bild im Kleinen widerspiegeln, kümmerte Anfang der Neunzigerjahre kaum jemanden.

Unternehmer schlossen: Der Weg von der Ordnung zur Kreativität in ihren Werkhallen und Büros müsse durchs Chaos führen. Selbstredend hielten diese Leute sich selbst nicht für einen Teil des Chaos und folgten der alten Devise: Am Ende entscheidet der Boss. Gleichwohl, die Chaostheorie beschäftigte Firmenchefs, Unternehmensberater, Kulturwissenschaftler und andere einige Jahre lang, bis schlussendlich alle erkannt hatten: Sie war ein Humbug.

Auch Michel Foucault (1926 bis 1984) erdachte interessante Theorien. Seine Homosexualität hat er – selbst im tief dekolletierten Frankreich – jahrzehntelang nicht offen leben können. Das sublimierte der berühmte Soziologe, indem er die Herausbildung des »modernen« Staates zu seinem Thema machte; in seinen Augen mündete die Zivilisation in eine Repressions-Bürokratie. Dann entdeckte er den Wirtschaftsliberalismus. Der schien ihm nun erst recht finster. Foucault betrachtete ihn als die ins Haus stehende Form von Regierung. Die Gedanken von Ordoliberalen wie Walter Eucken und »Neoliberalen« wie Alexander Rüstow hielt Foucault für die theoretische Vollendung der Machtergreifung der Wirtschaft über die Staatsgewalt – womit die Annahme einhergeht, dass die Wohlfahrt der Bürger den Interessen der Wirtschaft untergeordnet werde.

Das Denken der Ordoliberalen hat Foucault freilich nicht ganz richtig beschrieben. Eucken und Rüstow waren der Auffassung, dass freier Wettbewerb einen starken Staat benötige, und sei es bloß, damit dieser den Wettbewerb ermögliche. Und der Wirtschaftswissenschaftler Wilhelm Röpke schrieb dem Staat dezidiert sozialpolitische Aufgaben zu. Foucault hat also mächtig übertrieben. Allerdings: Es wäre ihm ein Fest gewesen, wenn er noch hätte erleben können, wie Angela Merkel sagte, die deutsche Demokratie müsse »marktkonform« sein. Die Kanzlerin hat sich angewöhnt, möglichst nichtssagend zu reden. Sie will nirgends anecken. Ihr Satz von der nötigen Marktkonformität der Demokratie ist eine ihrer wenigen Sentenzen, die bleiben werden – leider zu ihrem Schaden. (Man wüsste zu gern, ob das wirklich ihre eigene Idee war.)

Wirtschaftsliberalismus wird vom linksliberalen Volksmund »Neoliberalismus« genannt, seitdem der US-Präsident Ronald Reagan auf die »Chicago Boys« reingefallen ist. Deren These, Staatseingriffe seien für die Wirtschaft bloß hinderlich, passten Augusto Pinochet in Chile, Ronald Reagan in Amerika, Margaret Thatcher in Großbritannien gut in ihr Weltbild: Alles laufe wie von selbst, sofern die Steuern – vor allem die für die Reichen – auf ein Minimum reduziert würden. Das ist der dritte Irrtum.

Was Reagan, was Thatcher glaubten: Jeder und jede sei in der Lage, die eigene Situation genau zu übersehen und entsprechend klug zu investieren. Das war es, was die Chicago Boys lehrten; bei ihnen war der Mensch, entsprechend wirtschaftsmathematischen Modellen, der »Economic Man«. Diese Modelle gelten nicht mehr. Aber sie wirken immer noch. In der Bundesrepublik zum Beispiel heißt es immerzu: Die Deutschen sollten mehr in Aktien investieren. Die US-Amerikaner machen das – zumindest aus Sicht der Experten – vorbildlich, das aber doch vor allem deshalb, weil sie kein gutes Rentensystem haben. Bitte: Wie soll jemand mit Ersparnissen von wenigen Tausend Euro wissen, welche Aktien oder Fonds mittelfristig lukrativ sein könnten, also in einer den Wechselfällen des Lebens angemessenen Zeitspanne? Die Ergebnisse der Wirtschaftsanalytiker sind mitunter wabbelig wie Marmelade.

3. Januar 2020

Steine mit Löchern

Seit jeher waren die Menschen erfinderisch, wenn sie Werte schaffen wollten. Das erklärt den Erfolg der neuen Kryptowährungen. Mittlerweile machen sogar Staaten dabei mit. Aber nichts steckt dahinter, keine Ländereien, keine Produktion. Fantasie ist alles.

Im Pazifik liegt die kleine Inselgruppe Yap, benannt nach der Hauptinsel Yap. Der Folklore nach entstammten ihre Bewohner einer riesigen Muschel, die in grauer Vorzeit auf einem Stück Treibholz angeschwemmt kam. Yaps Wirtschaft war zu Beginn des 20. Jahrhunderts überschaubar: Fisch gab es im Wasser, Kokosnüsse fielen von den Bäumen, und am Boden züchteten die Bewohner Schweine. Yap war so abgelegen und so unbedeutend, dass ein Amerikaner es für unabdingbar hielt, dorthin zu reisen. William Henry Furness III., der Sproß einer angesehenen Familie, hatte sich der Anthropologie verschrieben: Yaps wenige Tausend Einwohner, die von der Moderne nicht berührt waren, wollte er kennenlernen.

Zu seiner großen Begeisterung fand Furness 1903 auf der Insel alles vor, was zu einer mehr oder weniger brutalen Zivilisation nötig ist. Es gab ein Kastensystem, die Sklaverei war etabliert, es gab Klubhäuser für Brüderschaften von Fischern und Kämpfern sowie eine lebendige Musikszene mit munteren Tänzen und Liedern.

Ganz besonders beeindruckte Furness das Geldsystem. Die Währung war wunderlich. Wenn man nicht aufpasste, konnte man sich daran einen wunden Zeh holen: Die Währung bestand aus Steinrädern mit einem Loch in der Mitte, deren Durchmesser bis zu vier Meter betrug. Diese Form des Geldes hatte einen großen Vorzug: Diebstahl war schwierig. Das Loch war nötig, um den Transport des Geldes zu erleichtern. Aber wie Furness bald merkte, war das Loch in dieser Währung namens »Fei« gar nicht nötig. Die Steine wurden nämlich kaum bewegt. Stattdessen führten die Insulaner Buch darüber, wem welche Steine gehörten: Eine geschäftliche Transaktion ging mit der Überschreibung eines Steins einher, welcher dann oft genau dort liegen blieb, wo er zuvor gewesen war. Einer ruhte auf dem Meeresgrund; vermutlich beim Import aus dem Steinbruch einer Nachbarinsel war er von einem Boot ins Meer geplatscht, was seinen Wert aber nicht gemindert hatte.

Allen, die sich wundern, warum die Kryptowährung Bitcoin so erfolgreich ist, mag die von Felix Martin geschilderte Geschichte des »Fei« eine kleine Hilfe sein: Einfallsreich und hoffnungsfroh sind die Menschen, wenn sie Werte kreieren wollen. Was auf der Insel Yap lange gut ging, weil es sich um eine in sich geschlossene Gesellschaft weniger »Marktteilnehmer« handelte, muss nicht für Bitcoin gelten. Anfangs war es kaum mehr als eine Spielerei für Computer-Freaks, eine hippe Idee. In den vergangenen Wochen ist der Wert des Bitcoin rasant gestiegen. Das Gleiche gilt für andere Kryptowährungen. Warum? Ein Bitcoin ist doch letztlich nichts anderes als ein Steinchen auf dem Meeresboden.

Erfolg zeugt Erfolg, das ist eine Erklärung. Der Bitcoin kann (noch) nicht gefälscht werden, weil seine Erzeugung und der Handel auf zahlreichen Computern gespeichert sind. Das gibt den Anlegern Zuversicht. In Ländern, die die Kapitalausfuhr beschränken, greifen viele Leute gern zu Bitcoin:

Lieber vertrauen sie einer Währung, die aus der Luft gegriffen ist, als dass sie ihr schönes Geld im eigenen Land lassen. »Der Bitcoin ist zu einer Krisenwährung geworden«, hat der *Spiegel*-Redakteur Marcel Rosenbach geschrieben.

Dieser Aufschwung wurde beflügelt von der Entscheidung der japanischen Finanzaufsicht, Bitcoin als offizielles Zahlungsmittel anzuerkennen. Die Fachleute setzten um, was sie für die Zeichen der Zeit halten. Neuerdings können auch Leute Bitcoin erwerben, die keine Ahnung vom Programmieren haben. Es gibt IT-Spezialisten, die meinen, Kryptowährungen seien nicht bloß modisch, sondern auch nützlich, etwa für Steuererhebungen. Ihre Ansichten tragen sie in technischem Kauderwelsch vor, das die Frage offenlässt, warum es nicht bald einen Crash geben werde.

So gierig und verleitbar die Menschen sind, bleibt es nämlich dabei, dass auf die Dauer Werte ohne dahinterstehende Substanz, wie sie sich zum Beispiel aus der Produktion von Waren ergibt, nichts wert sind.

Das Absurde der Kryptowährungen zeigte sich bei der Ankündigung des Präsidenten von Venezuela: Nicolás Maduro erging sich in der Idee, eine Kryptowährung namens »Petro« einführen, um Sanktionen zu unterwandern, welche die USA gegen Venezuela erließen. Wie die *FAZ* berichtete, machen diese die »von Maduro angestrebte Restrukturierung der venezolanischen Auslandsschulden über den internationalen Finanzmarkt praktisch unmöglich«. Also soll der »Petro« helfen. Dass wird nicht funktionieren. Die Krypto-Gemeinden sind sowieso dagegen: Ihre Währungen seien nicht Staatssache.

Auch für die Umwelt ist Bitcoin schädlich: Der Bitcoin ist sicher, weil er über viele Computer läuft. Falls Bitcoin weiterhin florieren sollte, wird die nötige Technik bald Strom verschlingen, der dem Verbrauch eines Landes wie Dänemark gleich ist. Kann, soll, darf man das hinnehmen?

Ein Gutes hat Bitcoin: Seit einiger Zeit wird debattiert, ob das Bargeld abgeschafft werden solle – und damit ein großer Teil des Privatlebens aller Bürger: Jeder Blumenstrauß wäre registriert (für wen der wohl gedacht war?). Alle, die dafür plädieren, weil sie meinen, damit der organisierten Kriminalität vorzubeugen, haben nun an den Kryptowährungen schwer zu kauen. Mit denen können Großverbrecher sehr viel Geld verschieben. Bargeld in Koffern, das sind vergleichsweise mickrige Summen.

8. Dezember 2017

Preis der Ungleichheit

Thomas Pikettys Buch über die Wirtschaft des 21. Jahrhunderts hat Furore gemacht und wird seit seinem Erscheinen aufs Schärfste kritisiert. Seine Daten verbessert er gern. Wichtig ist ihm das Gesamte der politisch-wirtschaftlichen Entwicklung.

Der Wirtschaftsmathematiker Branko Milanović hat eine Gleichung vorgestellt:

$$G = \frac{1}{\mu} \sum_{i=l}^{r}\sum_{j>i}^{r}(\bar{\gamma}_j - \bar{\gamma}_i)p_i p_j + \sum_{i=l}^{r} p_i s_i G_i + L$$

Alles klar? Nein? Für alle, die diese Gleichung in ihrer optischen Schönheit an Hieroglyphen erinnert, die sie auch nicht lesen können, hat Milanović eine Erklärung parat. Diese Gleichung spiegelt den Gini-Koeffizienten der »klassischen« Ökonomie: Armut und Wohlhabenheit einzelner Länder werden zueinander in Beziehung gesetzt, wobei es vor allem auf den Aspekt des vorhandenen Kapitals ankommt, nicht auf den Erwerb aus Lohnarbeit. Milanović meint, die Lohnarbeit dürfe nicht vernachlässigt werden. Dabei geht es ihm auch, aber nicht nur, um die vielen Manager, die Millionen verdienen. Das Ergebnis seiner Studien, die er mit noch viel längeren mathematischen Gleichungen untermauert: Thomas Piketty habe recht mit der Ansicht, es bedürfe staatlicher Eingriffe, um der Verbreitung von wirtschaftlicher Ungleichheit Einhalt zu gebieten.

Pikettys Buch *Das Kapital im 21. Jahrhundert* macht seit 2013 Furore. Ohne die Finanzkrise, die 2007/08 über die Welt hereinbrach, hätten wohl weniger als zwei Millionen Käufer weltweit sich dafür interessiert. (Schandmäuler vermuten übrigens: Auf dem Index der nicht gelesenen Bestseller stehe sein Buch neben *Mein Kampf* und *Eine kurze Geschichte der Zeit* des Astrophysikers Stephen Hawking ganz oben.) Seither ist Piketty viel kritisiert worden. Seine Zahlen seien falsch, und wenn nicht die Zahlen, dann seine Analysen, und wenn nicht die Analysen, dann seine Schlussfolgerung. Letztere ist, was er selbst eingestanden hat, utopisch: Weltweit müsse Reichtum mehr besteuert werden als bisher.

Unlängst hat Piketty aufgrund der Arbeit von Dutzenden Forschern eine neue Studie vorgelegt. Die *FAZ* fand: Auch diese Daten seien ungenau, und selbst Pikettys »Fans« würden ihm keine »ordentliche inhaltliche Verteidigung« angedeihen lassen. Ach ja? Die Wirtschaftswissenschaftler Heather Boushey, J. Bradford DeLong und Marshall Steinbaum haben ökonomische Koryphäen um Kommentare zu und Kritik an Pikettys Buch gebeten, das 2017 unter dem Titel *After Piketty* 2017 erschien.

Pikettys Argumentation, brutal zusammengefasst, geht so: Auf die Dauer übersteige die Rendite auf Kapital das Wirtschaftswachstum. Folglich konzentriere Vermögen sich zunehmend in den Händen der Wohlhabenden. Die Reichen und also Einflussreichen sorgten dafür, dass ihre Staaten eine ihrem Portfolio genehme Wirtschaftspolitik betreiben. Dieses Argument ist intuitiv plausibel; nur gibt es für Lobbyarbeit sowie große Spenden an Parteien und deren Auswirkungen noch keine mathematische Formel, weshalb Ökonomen sich wohl bis auf Weiteres abarbeiten werden an der Frage, wie man den Einfluss von privatem Reichtum auf die Politik bemessen kann. Das ist einer der Gründe, warum Piketty sagt, er habe sein Buch mit heißem soziologischem Interesse verfasst. Pikettys Berechnungen gehen bis ins frühe 19. Jahrhundert zurück. Bei der von ihm konstatierten Entwicklung gab es – wenig überraschend – zur Zeit der zwei Weltkriege eine Delle. Der Krieg ist ein Gleichmacher, indem er auch die Vermögen der Reichen nivelliert. Wichtiger ist Piketty aber der politisch-soziale Effekt. Der war in der Bundesrepublik gleich nach dem Zweiten Weltkrieg eklatant: Zu Beginn ihres Bestehens waren die CDU und die CSU quasi-sozialistische Parteien. In Pikettys Heimatland Frankreich lebte nachgerade hinterm Mond, wer sich nicht zum Kommunismus bekannte. Seither, so Piketty, habe sich das Verhältnis von Vermögensgewinnen zum Wirtschaftswachstum aber wieder ungefähr auf das Niveau des frühen 20. Jahrhunderts eingependelt.

Stimmt es, was er geschrieben hat? Was Europa angeht, hat er eingeräumt, dass die Ungleichheit dort weniger eklatant steige als in den USA und in Entwicklungsländern. Dass sie größer ist als vor fünfzig Jahren, ist indes unumstritten. In China und Indien geht es den Armen sehr viel besser als früher, das wiegt in der Statistik die ungeheuerlichen Einkommenszuwächse der obersten Schicht auf. Weil es für viele Länder nicht genug Daten gibt, ist Einkommensungleichheit im Übrigen sehr schwer zu bemessen.

Markroökonomisch gesehen, stellt sich die Frage, ob wachsende Ungleichheit der Wirtschaft schadet. Nicht bloß der notorische Kapitalismuskritiker und Nobelpreisträger Joseph Stiglitz, sondern auch konservativere Gemüter stimmen zu: »Es gibt Anzeichen«, schreibt Mark Zandi von der Ratingagentur Moody's, »dass große Ungleichheit, wie sie in manchen Teilen der Welt besteht, der Ökonomie schadet.« Zandi meint: »Größere Ungleichheit würde wahrscheinlich die Finanzsysteme destabilisieren; arme, verschuldete Haushalte stellen beachtliche Risiken dar; das bringt die Wirtschaft in eine Berg-Tal-Fahrt; derweil wohlhabende Haushalte, die Geld ausgeben, sehr sensibel auf die Volatilitäten auf den Anlagemärkten reagieren.« Die Argumentation des Wirtschaftswissenschaftlers Salvatore Morelli ist simpler: »Übergroße Ungleichheit im Hinblick auf Einkommen und Reichtum kann politische und soziale Instabilität hervorrufen.«

Alle Welt nahm Pikettys Buch vornehmlich als historische Analyse von Wirtschaftsdaten wahr. Tatsächlich ist er wirklich eher ein historisch arbeitender Soziologe, allerdings einer, der weiß, dass man heutzutage über Gesellschaften nicht mehr reden kann, ohne ihre Einkommensverhältnisse zu kennen. Wie sagte Walther Rathenau? Die Wirtschaft ist das Schicksal.

19. Januar 2018

Jetzt räumen wir auf

Die Wirtschaftswissenschaften sind groß im Prognostizieren. Sie können sich in der Lehre sogar an neue Verhältnisse anpassen. Das beginnt genau dann, wenn selbst der Letzte bemerkt hat, dass etwas schiefgelaufen ist in der Weltwirtschaft. Auftritt: die Verhaltensökonomie.

Die Politikerin Viola von Cramon ist bei den Grünen. Ein paar Jahre lang saß sie im Bundestag. (Seit 2019 ist sie Mitglied des Europäischen Parlaments.) Das »Grüne«: Sie lebt es, oft jedenfalls. Die Freundin des osteuropäischen Raumes machte einmal mit ihrer Familie Badeferien in Georgien am Schwarzen Meer. Dort sah es ziemlich bunt aus: Der Strand war mit Plastiktüten und anderem Müll übersät. Was macht eine ordentliche Deutsche da? Sie sagt ihren Kindern: Jetzt räumen wir hier erst mal auf! Und während die deutsche Familie am Müllsammeln war, so erzählte Viola von Cramon, gesellten sich allmählich Einheimische dazu. Einer und noch einer und noch einer. Am Ende habe der Strand so ausgesehen, dass alle, mit ihrem Werk zufrieden, guter Dinge waren und die Politikerin sich dort in die Sonne legen mochte.

Das Beispiel dieser Frau gibt Stoff für Doktorarbeiten auf vielen Feldern, von der Psychologie bis zur Ökonomie. Besonders interessant an den Wirtschaftswissenschaften ist, dass echte Trendwenden in der Lehre sich erst einstellen, nachdem die große Krise dahergekommen ist. Erst als 2007/08 die halbe Welt in einer Finanzkrise versank, kam das Gros der Experten darauf, dass es den »Homo oeconomicus«, den komplett rational kalkulierenden Menschen, den sie bis dato ihren Berechnungen zugrunde gelegt hatten, gar nicht gibt. Seither sind die sogenannten Behavioural Economics Bademeister am Strand der wirtschaftlichen Unwägbarkeiten: Angesagt sind Wissenschaftler, die sich darauf verstehen, aus Umfragen und anderweitig erworbenem Zahlenmaterial die Wünsche und Zwänge der Menschen zu taxieren. Aus wirtschaftlicher Perspektive ist der Homo sapiens sapiens Konsument. Was will diese Figur, wie bringt man sie dazu, in ihrem und im Interesse der Welt vernünftige Entscheidungen zu treffen?

Weil die Menschen nun einmal ihren Vorlieben und Ressentiments sklavisch ergeben sind, überlegen Verhaltensökonomen, wie man sie – idealerweise zum Guten hin – formen kann, ohne dass sie selbst es bemerken. Das englische Verb dafür ist »to nudge«, womit gemeint ist, dass man jemanden mit dem Ellenbogen sachte in die richtige Richtung stupst. Auch das kann man übertreiben, findet jedenfalls die auf die Schnittstelle von Wirtschaft und Umweltfragen spezialisierte Ökonomin Kate Raworth. Sie lehrt in Oxford und Cambridge und hat es mit ihrem Buch *Doughnut Economics* bis vor die Vollversammlung der Vereinten Nationen gebracht. In dem Buch, dessen Programmatik seltsamerweise nach einem geschmacklich bizarren, runden Brotgebäck mit einem programmatisch unverständlichen Loch in der Mitte benannt ist, schlägt sie eine Umgestaltung der Wirtschaft vor: weg von der trägen Hinnahme weltweiter Ungerechtigkeiten und hin zu einer nachhaltigen Bewirtschaftung der Ressourcen des gebeutelten Planeten Erde.

Natürlich, schreibt sie, sei es sinnvoll, den Leuten gute Entscheidungen unterzuschieben. Allerdings habe das dermaßen überhandgenommen, dass man sich fragen müsse, wie die Menschheit ohne dergleichen bisher überlebt habe. Und: Nicht jede gut gemeinte Maßnahme erreiche das gewünschte Ziel. Manchmal funktioniert es, mitunter aber eben auch nicht. Um diesen Aspekt ihres Buches geht es hier.

Viele Wirtschaftsfachleute meinen, vor allem auf die Preise komme es an. Falsch!, sagen die Verhaltensökonomen. In den Vereinigten Staaten erhielten Blutspender Geld für ihre rote Gabe, in Großbritannien erhielten sie kein Geld. Am Ende fanden sich – anteilig an der Bevölkerung gesehen – mehr Briten als Amerikaner zur Blutspende bereit, und ihr Blut war zudem viel weniger verseucht.

Ein anderes Beispiel: Kolumbien begann 2005 mit einem Experiment. Teenager aus armen Familien in Bogotá wurden ausgelost, die Eltern bekamen fünfzehn US-Dollar pro Monat dafür, dass sie ihre Kinder zur Schule schickten. Das funktionierte wunderbar: Diese Kinder schafften ihren Schulabschluss. Dumm war nur, dass die Kinder, für die es kein Geld gab, nun erst recht nicht zur Schule gingen.

In Israel wurde 1990 in zehn Kindergärten allen Eltern eine kleine Strafgebühr aufgebrummt, die ihre Kinder nicht pünktlich abholten. Das scherte die Eltern nicht: Noch mehr Mütter und Väter als zuvor kamen zu spät. Sie hatten sich von der Pflicht zur Pünktlichkeit freigekauft. Als die Strafgebühr abgeschafft war, kamen die Eltern weiter zu spät.

In Tansania wurde einigen Dorfgemeinden vorgeschlagen, es möge, wer Lust habe, einen halben Tag damit verbringen, den Schulhof aufzuräumen und dort Bäume zu pflanzen, die kostenlos herbeigebracht wurden. Wenn den Leuten dafür der Lohn eines Tages Arbeit in Aussicht gestellt wurde, waren sie weniger interessiert daran, zu helfen, als wenn sie umsonst arbeiteten. Mehr noch: Alle, die Geld erhalten hatten, waren am Ende weniger zufrieden als jene, die für Gottes Lohn und zum Wohlergehen der Dorfgemeinschaft zur Schaufel gegriffen hatten.

Aus alldem zieht Kate Raworth das Fazit, dass nicht alles über den Preis läuft, dass Solidarität vielen Menschen viel mehr wert ist als etwas Geldgewinn. Selbstredend hält Raworth nichts davon, dass die Menschen in der Ökonomie weiter als »Konsumenten« betrachtet werden. Ein Konsument ist nichts anderes als ein kleines Teil, das wie eine Maschine zum Bruttosozialprodukt beiträgt. Der Konsument ist bloß eine Ziffer. Ein empfindsamer und politisch denkender Bürger ist er nicht.

Aus süddeutscher Perspektive war der Titel *Doughnut Economics* schlecht gewählt, »Vinschgauer Ökonomie« wäre passender. Aber die schmackhaften, halbwegs runden Vinschgauer Brötchen ohne komisches Loch in der Mitte kennt im Rest der Welt kein Mensch.

24. November 2017

Ungewöhnliche Allianz

Vielen gilt der Staat als Feind der freien Wirtschaft. Angesichts der Globalisierung und des Klimawandels ist diese Ansicht überholt. Weltkonzerne und der Rechtsstaat sollten zusammen agieren.

Dass der englische König Charles I. 1649 im Zuge einer Revolution enthauptet wurde, wissen viele. Weniger geläufig ist, dass es Kaufleute und andere Geschäftsmänner im Parlament waren, die auf seine Absetzung drangen und anschließend Regeln für die parlamentarische Demokratie aufsetzten. Dass die Boston Tea Party 1773 die amerikanische Revolution einleitete, wissen viele. Weniger geläufig ist, dass die Federführenden bei der Entwicklung erster Ideen, wie ihre Demokratie funktionieren solle, auf eine Vorlage zurückgriffen, die eigentlich für die Abläufe innerhalb einer Geschäftskorporation gedacht war.

Das sind zwei Beispiele, die Rebecca Henderson anführt, um zu belegen: Das Geschäftemachen und der Kapitalismus als solcher hätten nicht bloß zur Industrialisierung, sondern auch zur Demokratisierung eine Menge beigetragen. Wie bei allen Erfolgsgeschichten gibt es allerdings auch bei dieser ein »Aber«. Die in Harvard lehrende Wirtschaftsprofessorin ist unzufrieden mit dem gegenwärtigen Zustand des kapitalistischen Systems. Was im Argen liegt und wie es behoben werden sollte, hat Henderson in einem luziden Buch dargelegt, das auch und gerade von Wächtern des Kapitalismus in höchsten Tönen gepriesen wird: *Reimagining Capitalism. How Business Can Save the World* (frei übersetzt: »Den Kapitalismus neu denken. Wie der Geschäftssinn die Welt retten kann«, 2020).

Die Ausgangslage ist bekannt: Die weltweite Ungleichheit ist ein Problem; Wohlhabende, Individuen ebenso wie Staaten, schotten sich ab hinter Mauern und Zäunen, damit sie nicht von den Besitzlosen überrannt werden. Wird der Klimawandel nicht aufgehalten, werden viele Gebiete der Erde unbewohnbar, weil da zu trocken und dort vom Meer verschlungen.

Im 19. Jahrhundert, als Britannien bei der Industrialisierung die Nase vorn hatte, war es ausgemachte Sache, dass Arbeit und Kapital in unversöhnlichem Gegensatz zueinander stünden. Wäre es anders gewesen, der in London lebende Karl Marx hätte *Das Kapital* so nicht geschrieben. Es brauchte eine gigantische Depression in den 1930er-Jahren und den Zweiten Weltkrieg, um zu einem Umdenken zu führen. Die Systemkonkurrenz zwischen der Sowjetunion und dem Westen tat ein Übriges: Ob auch die sozialistischen Ideale von gesellschaftlicher Gleichheit hinter dem Eisernen Vorhang nicht umgesetzt wurden, so waren sie doch eine stete Mahnung für die Demokratien, ihre Staaten nicht allein nach den Interessen der Besitzenden zu führen; man wollte die Wähler nicht dem Kommunismus zutreiben – einerseits. Andererseits wirkte die repressive Planwirtschaft des Ostens auf Ökonomen wie Friedrich August von Hayek und Milton Friedman dermaßen abschreckend, dass sie den Staat per se als Gefahr für Freiheit und Wohlstand betrachteten. In den 1970er-Jahren fanden ihre Ideen Gehör. Seither heißt es nicht mehr Arbeit gegen Kapital, sondern Staat gegen Wirtschaft.

Die Überwindung dieser Vorstellung hält Henderson für überfällig. Ganz konkret und kenntnisreich legt sie dar, was möglich und zu tun wäre. Das dem Kapitalismus eigene Grundproblem besteht in der Maximierung des Profits ohne Rücksicht auf die Kosten für die Umwelt und das allgemeine Menschenwohl. Was der Raffgier früher Grenzen setzte – Religion, Tradition, lokale Abhängigkeiten und damit einhergehende Verpflichtungen –, hat sich in der globalisierten Welt einigermaßen aufgelöst.

Die erste und einfachste Maßnahme wäre, dass Manager nicht mehr per kurzfristig ausgezahlten Boni dazu angehalten werden, in kürzester Zeit maximalen Profit zu erwirtschaften, sodass sie sich anderswohin begeben können und aus der Ferne zuschauen, wie die Firma, die sie einst leiteten, den Bach hinabgeht.

Dass auch Unternehmen auf die Umwelt achtgeben müssen, ist seit einigen Jahren Allgemeinwissen. Große Fonds haben sich der Politik des ethischen Investments verschrieben. Sie müssen derzeit aber mit unzuverlässigen Ziffern arbeiten. Wie dem Abhilfe schaffen? Buchhalter sind in der Literatur bekanntlich die langweiligsten aller Zeitgenossen, sind laut Goethe »trockne Schleicher«: Genau sie aber, so Henderson, seien jetzt wichtiger denn je. Die bei jeder Produktion anfallenden Schäden für die Allgemeinheit müssten taxiert und verbucht werden, noch viel exakter als bisher der Fall, sodass Investoren genau wissen, ob ihr ethisches Investment tatsächlich eines ist.

Große Konzerne, Hendersons Paradebeispiele sind der amerikanische Haushaltswarenhändler Walmart und der Tee-Produzent Lipton, waren völlig baff, als die Öffentlichkeit sich gegen sie wandte. Als Ausbeuter und Umweltverpester wurden sie gebrandmarkt. Beide Unternehmen änderten daraufhin ihre Geschäftsstrategie und machen seither wieder guten Profit. Big Business – je größer, desto besser – kann viel

dazu beitragen, der gemeinen Ungleichheit und der Zerstörung des Planeten Erde Einhalt zu gebieten, dies zumal in jenen armen Staaten, deren Regierungen bekanntermaßen korrupt sind.

Aber selbst Konzerne mit Milliardenumsätzen können die
Welt nicht retten. Großunternehmen mögen anständige Ar-
beitsbedingungen schaffen und sich um eine ausgeglichene
Umweltbilanz bemühen, aber es wird immer andere geben,
die deren – natürlich etwas teurere – Angebote unterbieten.
Und hier kommt die Rechtsstaatlichkeit ins Spiel. Es müssen
auf internationaler – gern auch auf nationalstaatlicher – Ebene
Gesetze verabschiedet werden, die alle Firmen nötigen, im
Sinne des Gemeinwohls zu handeln.

25. September 2020

7

Welt in Angst:
Das Corona-Virus und die Folgen

Der Karneval ist eine Erfindung des Mittelalters. Während einiger Tage wurde die Hierarchie von oben nach unten gedreht: Bauern durften tun, als wenn sie Grundherren wären. Arme durften tun, als wären sie Fürsten. Derartige Narreteien wurden in der Corona-Krise auch in Deutschland begonnen: Ein paar Wochen lang hieß es, Pflegekräfte und Verkäuferinnen seien die Helden des Landes. Es wurde ihnen aus den Fenstern vornehmlich wohlhabender Stadtviertel, wo diese Leute sich eine Wohnung nicht leisten können, des Abends zugeklatscht. Nachdem das gut situierte Bürgertum des Klatschens müde war, traten die Normalzustände wieder in Kraft: Die schlecht bezahlten deutschen Pflegekräfte erhielten einen Bonus von – plus/minus fünfzig Euro. Heuchelei und Knickertum gingen Hand in Hand. Erst bei den Tarifverhandlungen im Oktober 2020 gelang es den Gewerkschaften, für diese Berufszweige eine Lohnerhöhung von 8,7 bis zehn Prozent auszuhandeln.

Der deutsche Finanzminister Olaf Scholz klebte 2020 lange an der steilen Vorgabe, den Staatshaushalt 2021 mit einer »schwarzen Null« abzuschließen. (Erfahrenen SPD-Politikern sitzt im Nacken, dass die Sozialdemokraten seit jeher in Sachen Wirtschaft als unfähig gelten.) Angesichts der Milliarden, die ausgegeben werden müssen, um die Wirtschaft über Wasser zu halten, hat Olaf Scholz sich von der schwarzen Null verabschiedet.

Auffällig war, dass die europäischen Medien sich vor allem mit sich selbst beschäftigten, also mit ihrem je eigenen Land und mit dem Zustand in den Nachbarländern. Was das Einfrieren der Weltwirtschaft in anderen Teilen der Welt mit sich brachte, interessierte zunächst kaum jemanden. Die Zahl der Menschen in Entwicklungsländern und in Schwellenländern, die wegen Arbeitslosigkeit und daraus folgender Unterernährung ihrer Familien sowie mangels medizinischer Grundvorsorge sterben müssen, weil viele Staaten bloß noch mit der Eindämmung des Corona-Virus befasst sind, wird in die Millionen gehen. Sie wird viel höher sein, als was das Virus an Leben dahinraffen kann. Um nur ein Beispiel zu nennen: Früher starben weltweit pro Jahr anderthalb Millionen Menschen an Malaria, dies natürlich in eher armen Ländern, für die Industriestaaten sich vornehmlich interessieren, wenn es um die Ausbeute von Rohstoffen geht. Diese schreckliche Todeszahl konnte durch ein einfaches Mittel reduziert werden: kostenlose Verteilung von Malaria-Netzen. In der Corona-Welt hat es für Malaria-Netze kein Geld mehr gegeben.

Vierzig Tage Quarantäne

Die Ausbreitung des Coronavirus stellt die globalisierte Wirtschaft auf die Probe. Wie lange kann sie lahmgelegt werden, bevor der Stillstand den Menschen mehr Unglück bringt als das Virus? Auf diese Frage hat der Kapitalismus keine Antwort.

Viel wird spekuliert, woher das Coronavirus komme. Schuldige suchen: Es liegt in der menschlichen Natur. Wahrscheinlich ist, dass irgendein exotisches Tier in China, wo viele Seltenes jeder Art gern essen, weil es unter anderem der Manneskraft zuträglich sein soll, dieses Virus auf einen Menschen übertragen hat. Anstatt sich vordringlich mit der Bekämpfung der Krankheit zu befassen, hat Donald Trump China beschimpft. Vonseiten Pekings wurde postwendend zurückgenörgelt: Amerikanische Soldaten hätten das Virus auf militärische Stützpunkte in Südostasien getragen.

Tatsächlich waren es Soldaten, deutsche Soldaten, die 1629 mit Flöhen im Pelz die Pest nach Italien brachten. Norditalien war durchseucht, dann machte die Epidemie für eine Weile halt: Über die Gebirgszüge des Apennin kletterten Menschen und Flöhe nicht ohne Weiteres. Das gab den Stadtvätern von Florenz die Zeit, ihr Gemeinwesen zu wappnen. Sie verhängten eine totale Ausgangssperre für fast alle. Sie organisierten die Lieferung von Lebensmitteln. Priester durften in den Straßen den Gläubigen, die sich aus den Fenstern lehnten, Segen spenden. Wer ohne Erlaubnis das Haus verließ, kam ins Gefängnis. Am Ende waren zwölf Prozent der Florentiner an der Pest gestorben, viel weniger als in anderen Städten.

Die Pest in Florenz konnte aufgehalten werden, weil damals nicht so viel gereist wurde wie heute. Der Shutdown der florentinischen Wirtschaft währte vierzig Tage. Vierzig Jahre lang lief in der Bibel das Volk Israel durch die ägyptische Wüste ins Gelobte Land, daher vermutlich die Terminierung. Heute, wie damals in Florenz, kommt in Italien ins Gefängnis, wer ohne Legitimation auf die Straße geht. Die prozentuale Rate der Toten wird glücklicherweise die damals sagenhaft niedrigen zwölf Prozent in Florenz nirgends erreichen. Das Wirtschaftsgeschehen weltweit liegt derzeit ziemlich platt. Mit vierzig Tagen freilich werden die Regierenden sich vermutlich nicht bescheiden. Das ist schlimm für die Wirtschaft.

Die Stadtväter von Florenz wussten im 17. Jahrhundert nicht, woher die Pest kam; so weit war die Medizin damals noch nicht. Was sie aber wussten: Arme Menschen waren besonders anfällig. Deshalb trugen sie Sorge, dass auch arme Menschen mit Lebensmitteln versorgt wurden. Und wie sieht das heute aus, global gesehen?

Es mag für Deutsche im Homeoffice anstrengend sein, dass sie ihre kleinen Kinder besser kennenlernen, als sie lustig finden. Anderswo sieht es aber schlimmer aus. So zum Beispiel: Viele deutsche und österreichische Gaststätten und Hotels in der Nähe von Tschechien, Slowenien und der Slowakei beschäftigen Leute von dort, diese Menschen sind nicht angestellt, sondern »freischaffend«. Jetzt sind Gaststätten und Hotels geschlossen. Ein Hotelier sagte, es tue ihm furchtbar leid, aber mehr als einen weiteren Monat Lohn könne er nicht zahlen, seitdem sein Haus zumachen musste: Von dem Geld, das seine Leute bei ihm verdienten, würden viele ihre ganze Familie ernähren. Wenn er könnte, der Hotelier würde gern länger den Lohn zahlen, aber er kann nicht.

Der deutsche Staat will Milliarden ausgeben, um die Wirtschaft zu unterstützen. Das Geld wird bei großen Unternehmen schnell ankommen. Diesbezüglich ziehen die deutschen Konzerne und die Gewerkschaften an einem Strang. Das Zimmermädchen aus Tschechien, das in einem deutschen Hotel gearbeitet hat: Die Frau muss sehen, wo sie ihr Brot herbekommt. In Asien und Afrika ist alles noch viel schlimmer. Viele, die nicht mehr arbeiten dürfen, weil es keine Arbeit gibt, werden hungern. Bekanntlich ist Hunger ganz schlecht für das Immunsystem. Es bleiben abzuwarten die Studien, denen zu entnehmen sein wird, wie grauenhaft nicht das Virus, sondern Mangel an bezahlter Arbeit den Menschen zusetzt.

Der Wirtschaftsprofessor Rudolf Hickel gehört zu jenen, die frühzeitig, nämlich Anfang Februar, gesagt haben: Da, schaut einmal her, was die Globalisierung gebracht hat! Das Schlüsselwort ist »Lieferketten«. Es gibt keine Atemschutzmasken, es gibt keine Autozubehörteile, es gibt vieles nicht mehr, was in weiter Ferne produziert wird. Hickels Argument: Klüger wäre gewesen, nicht aus Sucht nach billigen Arbeitern alle mögliche Produktion in ferne Länder zu verlagern, sondern stattdessen die Produktion in Europa vonstattengehen zu lassen: unter annehmbaren Verhältnissen für die Arbeiter. Etliche grundsolide, auf Profit erpichte Kapitalisten sind mittlerweile auch dieser Ansicht.

Die Florentiner des 17. Jahrhunderts wussten nicht, dass ihr wirtschaftliches System eines Tages »Kapitalismus« genannt werden würde. Heute ist klar: Der Kapitalismus ist die Lebensform der Wirtschaft. Im Kapitalismus sind Religion und andere Werte zweitrangig. Es kommt darauf an, viel Geld zu haben, und wenn man es hat, will man es vermehren. Geld ist – mit Karl Marx gesagt – ein Fetisch. Praktisch und mit Bertolt Brecht gesagt: »Geld macht sinnlich.« Nicht zufällig hat seit ungefähr zwanzig Jahren der Finanzkapitalismus Oberwasser, der Kasino-Kapitalismus, bei dem virtuelles Geld per Computer auf Derivate gesetzt wird, von denen auch Experten nicht wissen, was da alles an Anleihen, Krediten und weiteren Derivaten reingeschaufelt ist. Das rein virtuelle Geld kreist und kreist. Auch das ist die Wirtschaft.

Heute wird gesagt: Die Corona-Epidemie werde alle Mores lehren, werde die besitzgierigen Menschen zur Besinnung bringen. Derlei Hoffnungen zu hegen ist sinnlos, sie würden enttäuscht werden. Zu hoffen ist aber: Vierzig Tage Quarantäne sind genug, wir sind nicht schlauer als die Florentiner des 17. Jahrhunderts.

27. März 2020

Kant & Co.

Deutschland wird von der Einschläferung der Wirtschaft mitgenommen. Andernorts bringt sie millionenfach den Tod. In Deutschland meint man der Krise anständig zu begegnen. Das ist provinziell gedacht. Über Moral zu Zeiten von Corona.

Das Haus steht in Flammen. Die Feuerwehr rückt an. Alle werden gerettet: der Mann, die Kinder, die Großeltern und sogar der Hund. Alle? Eine fehlt. Obgleich das Gebäude dem Einstürzen nahe ist, rennt der Mann todesmutig in das Inferno, und es gelingt ihm, seine schon ohnmächtige Frau in Sicherheit zu tragen. Sie kommt zu Bewusstsein und flüstert, von Liebe erfüllt: »Dass du das für mich getan hast!« Ihr Mann antwortet: »Aber Schatz, das hätte ich doch für jede und jeden getan.«

Unter Kennern gilt dieser Witz als der beste Einwand gegen Immanuel Kants universalistische Moral, der zufolge alle Menschen gleiche Achtung verdienen. So muss die Ehefrau mit dem Wissen weiterleben, dass ihr Mann nach dem kategorischen Imperativ gehandelt hat. Er ist ihr nicht als einem geliebten Wesen zu Hilfe gekommen, sondern als einer Schutz verlangenden Person. In der Welt der Pflichten zählt sie nicht mehr als jeder x-beliebige andere Mensch. Das Grundgesetz mit seinem ersten Artikel – »Die Würde des Menschen ist unantastbar« – atmet Kants Geist. Entsprechend hat die Bundesregierung ihre Politik gestaltet: Wie Covid-19 lebt und sich verbreitet, ist immer noch unklar. Gewiss ist: Das Virus geht an den meisten jungen und gesunden Menschen ohne große Malaise vorbei, bringt indes Alte und Kranke in Lebensgefahr. Man hätte Letzteren raten können, etliche Wochen lang zu Hause zu bleiben. Weil das diskriminierend gewesen wäre, hat man stattdessen das gesamte Gesellschaftsleben und die Wirtschaft auf das Notwendige reduziert.

Immer neue alarmierende Meldungen von regierungsnahen Virologen hatten den stabilisierenden Effekt, dass eine Mehrheit der Bundesbürger die Maßnahmen für angemessen hält. Sobald es aussah, als könne die Krise demnächst halbwegs überwunden sein, haben neue Expertisen die Angst wachgehalten. Und weil die meisten Menschen mit dem Leben nicht spielen, beugen sie sich in die amtlichen Vorgaben.

In ihren Ansprachen lobt Angela Merkel die Solidarität der Bevölkerung. Gleichzeitig hat sie gedroht: Wenn die Deutschen sich nicht ordentlich verhielten, müssten die Grundrechte länger außer Kraft gesetzt bleiben. Das bewog den Satiriker Dieter Nuhr zu der Beobachtung, die Kanzlerin rede wie die »Erziehungsberechtigte« der Deutschen. Was die von Angela Merkel beschworene »Solidarität« im Lande angeht, sind ein paar Worte fällig. Zunächst in Bezug auf den Alltag. Es ist nicht schon ein Zeichen von Solidarität, wenn man zu Fremden Abstand hält. Man will nicht von Vertretern des Ordnungsamts oder anderen Passanten ermahnt werden; außerdem will man jene, die in Angst leben, nicht en passant behelligen. Das ist eine Frage von Furcht und Manieren; mit Solidarität hat es nichts zu tun! Zurückweichen genügt nicht. Solidarität erfordert Einsatz.

Die »Einschränkungen« haben ihren Preis. Kleine Kinder aus sogenannten bildungsfernen Elternhäusern werden es schwerer haben, ordentlich lesen und schreiben zu lernen.

Das Bruttosozialprodukt und das Steueraufkommen erleben enorme Einbußen. Der Staat nimmt Schulden in einer Höhe auf, wie früher vornehmlich »linke« Ökonomen es für unbedenklich hielten. Gemeinwesen werden kulturell verarmen, weil der Laden um die Ecke, Gaststätten und Theaterchen nicht wieder auf die Füße kommen. Das finden 370 Gewerbetreibende – darunter viele Gastronomen – nun zwar nicht diskriminierend, wohl aber unfair. Gemeinsam haben sie in diversen Bundesländern eine Klage angekündigt. Ihre Anwälte argumentieren, das Infektionsschutzgesetz (das bisher in der juristischen Klamottenkiste ruhte) kenne zwar »den Anspruch« von Infizierten, nicht aber den von Gesunden. Die 370 Unternehmer fordern Entschädigung. Wolfgang Schirp, Spezialist für Bank- und Kapitalmarktrecht, greift auf einen Satz aus dem Polizeirecht zurück: Er und Kollegen berufen sich auf einen »Entschädigungsanspruch des unschuldig in Anspruch genommenen Nichtstörers«. Zwei Dinge an dem Satz sind bemerkenswert: Er ist glasklar, wurde nämlich im 19. Jahrhundert formuliert, als Juristen um allseits verständliche Gesetze bemüht waren. Außerdem impliziert die Berufung auf diesen Satz, dass die Anwälte die Maßnahmen gegen Covid-19 nicht in Abrede stellen.

Freunde des Grundgesetzes sind in Sorge: Die Aussetzung bürgerlicher Freiheiten ohne Federlesen könnte ins Repertoire der Exekutive aufgenommen werden. Viele Medien taten diese Sorge als unbegründet ab und monierten, die Bedenkenträger begäben sich in die schlechte Gesellschaft von Rechtsradikalen und Verschwörungstheoretikern. Weitgehend Konsens ist hierzulande: Man sei der Krise gut und anständig begegnet. Dass Deutschland nun anderen EU-Staaten beistehen muss, deren Shutdown sie viel schwerer trifft, wird hingenommen. Eurobonds, die effektiv gewesen wären, um miesen Spekulationen auf den internationalen Finanzmärkten einen Riegel vorzuschieben, wollte man nicht: Damit hätte man sich nämlich ernsthaft verpflichtet. Stattdessen gibt es die Zusage von Fördergeld für den Wiederaufbau, was der deutschen Exportwirtschaft nutzen wird. Man meint, für alle das Beste zu tun.

Immanuel Kant wäre angetan? Nein, das wäre er nicht. Die deutsche Corona-Berichterstattung ist auf die Heimat fixiert, sodann dreht sie sich um die EU. Wenig ist davon zu erfahren, was der globale Shutdown in anderen Ländern bedeutet: In Asien und Afrika wird mit Millionen Hungertoten gerechnet, da Tagelöhner keine Arbeit mehr finden. Arme Staaten haben kein Geld mehr für die Vorsorge gegen Malaria, Tuberkulose und andere endemische Krankheiten.

Die Deutschen und ihre Medien geben sich recht zufrieden. Moralisch im Sinn von Kant ist diese Haltung aber nicht. Kants Universalismus gilt für alle Menschen auf der Welt. In seinem Sinn gibt es hierzulande keinen Grund, zu frohlocken und zu denken: »Ist doch halbwegs glimpflich abgegangen. Was unsere Staatsschulden angeht: Irgendwer wird dafür schon aufkommen; was die Einzelhändler angeht: Schade. Hauptsache, Menschen wurden gerettet.« Nein, Kant fände es wohlfeil, so zu reden. Das weltweite Sterben wegen des Shutdowns hat schon begonnen. Deutschland steht sich gut, weil es ein reiches Land ist. Reichtum verschafft alles Mögliche, aber nicht Tugend.

8. Mai 2020 / 5. Juni 2020

Corona-Ökonomie

Covid-19 hält die Welt in Schach. Die psychischen und wirtschaftlichen Auswirkungen der Maßnahmen dagegen sind jetzt schon katastrophal. Wie soll es weitergehen?

William Shakespeare, immer zuverlässig, wenn es gilt, eine Stimmung per Zitat auf den Punkt zu bringen, hat Hamlet sagen lassen: »The time is out of joint« – »Die Zeit ist aus den Fugen«. Damit ist die Gegenwart trefflich beschrieben. In Deutschland wird seit einigen Monaten wenig gestorben, auf jeden Fall nicht in dem Maße, dass Bestattungsunternehmer auf ihre Grundkosten kämen. Und das nicht trotz, sondern wegen Covid-19. Im Juli hat die *FAZ* mit der Inhaberin eines Instituts in Freiburg gesprochen, die ihre Mitarbeiter in Kurzarbeit schicken musste. Sie erklärte die prekäre Lage ihrer Firma damit, dass sehr viele Operationen in den Hospitälern verschoben wurden. Weil es dort bei allem Bemühen der Mediziner nicht selten vorkomme, dass Patienten schwere Eingriffe nicht überlebten oder sich einen tödlichen Krankenhauskeim einfingen, so die Bestatterin, habe sie zwei Drittel ihrer üblichen Auftragszahlen eingebüßt.

Derzeit wird vor der »zweiten Welle« gewarnt. Warte nur, bald kommen Herbst und Winter, heißt es, dann würden die Infektionszahlen in die Höhe gehen. Es wird aber auch eine dritte Welle geben, und eine vierte, solange kein Impfstoff gefunden ist, der idealerweise zuverlässiger wirkt als die bisherigen Mittel gegen die normale Grippe. Das Virus ist in der

Welt. Etliche Leute meinen, nötig wäre, bei zu vielen neuen Infektionen (die Rede ist von fünfzig gemeldeten Fällen auf 100 000 Einwohner) Schulen wieder zu schließen, Gottesdienste virtuell stattfinden zu lassen, die Arbeitswelt zunehmend ins Homeoffice zu verlagern, und dergleichen mehr. Die Frage ist da: Wie und wann soll die Weltwirtschaft, die ihre größte Depression seit den 1930er-Jahren durchmacht, sich erholen? Wovon sollen die Leute unterdessen leben?

Schweden ist aus dem europäischen Reigen in Sachen Anti-Corona-Maßnahmen von Anfang an ausgeschert. Dort wurde empfohlen, von zu Haus aus zu arbeiten und einander nicht zu nahe zu kommen. Aber die Schulen wurden nicht geschlossen, auch nicht die Restaurants und nicht die Grenzen. In Deutschland wurde aufmerksam beobachtet, dass in Schweden mehr alte Leute mit der Diagnose Corona starben als in den Nachbarländern. Mittlerweile verzeichnet das Land mit seiner vergleichsweise laxen Politik proportional weniger Tote als Staaten, die Lockdowns erließen, weniger als Belgien, Spanien und Großbritannien. Die schwedische Wirtschaft hängt, wie alle, an internationalen Lieferketten. Auch sie brach ein, allerdings sank das Bruttoinlandsprodukt im zweiten Quartal lediglich um 8,3 Prozent; in der Eurozone waren es im Schnitt zwölf Prozent. Viele schwedische Gastronomen und Kleinbetriebe konnten überleben.

Die Maskenpflicht ist unabdingbar in den Augen vieler und eine Zumutung nach Meinung einer Minderheit. Wer keinen Schreibtisch-Job hat, sondern anpacken muss, kommt mit einer Maske schlecht zurecht. Man kann darunter bekanntlich nicht frei atmen. Sollte das Coronavirus das Wirtschaftsgeschehen weiterhin bestimmen, müssten viele Handwerker nicht mehr überlegen, wie sie mit einer Maske beim Arbeiten zurechtkommen; sie hätten dann nämlich ziemlich bald keine Arbeit mehr.

Ende August meldete die *Financial Times*, der Virologe Anders Tegnell, Berater der schwedischen Regierung, habe Rückendeckung bekommen: Jonas Ludvigsson, Professor für klinische Epidemiologie am Karolinska-Institut in Stockholm, bemerkte mit Bezug auf den Nutzen der Gesichtsmaske: »In Krisenzeiten müssen Politiker stark erscheinen, sie treffen dann nicht immer Entscheidungen, die auf Erkenntnissen basieren.« In Schweden sei das ein wenig anders, dort höre man auf die Empfehlungen des Gesundheitsdienstes. (Zu Deutschland und dem Robert-Koch-Institut äußerte er sich bei der Gelegenheit nicht.)

Was es für den häuslichen Frieden, das Lernen und nicht bloß für die Psyche der Kinder, sondern längerfristig auch ökonomisch bedeuten könnte, wenn Kitas und Schulen geschlossen sind, ist viel besprochen worden. Inwieweit die deutschen Maßnahmen gegen Covid-19 tatsächlich alle indiziert waren, kann hier nicht erörtert werden; die Ärzteschaft ist sich nicht einig. In einer Wirtschaftskolumne darf indes die Frage aufgeworfen werden, wann die Folgen derart gravierend sind, dass sie auch eine wohlhabende Volkswirtschaft wie die deutsche nachhaltig schädigen, mit allem, was das für die einzelnen Bürger – auch gesundheitlich – bedeutet. Von der übrigen EU und der Welt gar nicht zu reden. Es ist ein Dilemma. Die Aufgabe, die Verhältnismäßigkeit der Maßnahmen zu taxieren, macht der Kanzlerin, ihrem Kabinett und den Regierungen der Bundesländer die Arbeit nicht eben einfacher.

Einen Lichtblick gibt es, immerhin. Der norwegische Staatsfonds, eingerichtet mittels der Ölausbeute, hat zwar bekannt gegeben, Covid-19 habe von dem Fokus auf Investitionen in Firmen abgelenkt, die mit ihrer Produktion das Klima weniger belasten. Weltweit sieht es aber anders aus: Andere große Fonds haben sich von dem Virus nicht beirren lassen. Laut *Financial Times* sind Investitionen in den USA und Kanada in nachhaltig wirtschaftende Unternehmen zuletzt um rund zehn Prozent gestiegen. Vor wenigen Wochen haben 450 Vermögensverwalter der Welt, die etwa 40 Billionen Dollar betreuen, eine Initiative verabschiedet, »Climate Action 100 +«, um Unternehmen zu zwingen, ihre Emissionen einzuhegen. Viele sterben an Covid-19; die gesamte Menschheit treibt sich ins Verderben, wenn sie dem Klimawandel nicht Einhalt gebietet.

11. September 2020

8

Das Letzte

Liebe Leserinnen, liebe Leser,

zum Abschluss dieses Buches möchte ich zwei Artikel anfügen, die mir besonders am Herzen liegen. Was den ersten angeht: Manche reden mit ihrem Computer: »Mach schon!« Andere reden mit ihrem Auto: »Hallo! Komm endlich!« Wieder andere, großzügiger in der Zielrichtung, dafür aber umso inniger, reden mit dem Straßenverkehr: »Idioten, Deppen!« Ich für mein Teil spreche mit meinen Balkonpflanzen, aber nicht so, wie der britische Thronfolger Prince Charles es tat, der vermutlich ernstlich der Auffassung war, das tue Pflanzen gut. Diesbezüglich bin ich nicht allzu sicher. Ich sage lediglich zum Beispiel: »Hör mir zu! Sei brav, ich gebe dir noch ein Jahr. Sei so gut, berappele dich, sonst wirst du abgesäbelt.« Nach so einer fiesen Drohung streichele ich einige Blätter.

Was damit gesagt sein soll: Ich gehöre zu denen, die Pflanzen mögen, den Grashalm und die Eberesche. Wenn die Abholzung und Abfeuerung des Urwalds im Amazonasgebiet voranschreitet wie bisher, wird die gesamte Welt darunter leiden. Die Wälder Deutschlands und umliegender Länder sind vergleichsweise und aus wirtschaftlicher Sicht kaum mehr als Ansammlungen von künftigen Industrie-Paletten, von künftigen Parkettbohlen und einfachen Möbeln; auch für Feuerholz sind sie gut. Aus Sicht der meisten Menschenkinder sind viele Wälder und viele einzelne Bäume aber stattlich und schön. Sie gilt es zu bewahren.

Der zweite Text, er erschien kurz vor den Feiern zur Jahreswende 2017/18, ist die reine Clownerie, abgefasst im Sinne des Titels von Johann Nestroys Theaterstück *Einen Jux will er sich machen*. Die Beschäftigung mit betrügerischen Unternehmern, die anfangs allgemein in hohem Ansehen standen, ergab eine Empfehlung, wie man sich selbst auf elegante Weise um Kopf und Kragen bringt.

Waldeslust

**Während die Kämpfer von Arminius dem Cherusker in
dichtem Wald die Römer besiegten, wird heute die Erhaltung deutscher Forste ganz allmählich zur offenen Feldschlacht: Legionen von Borkenkäfern machen großen
Waldstücken den Garaus. Die Deutschen lieben Bäume, sie
sollten mehr für sie tun.**

Der Wald, im Besonderen der finstere, hat es den Deutschen
angetan. Ein altes Kinderlied hebt so an: »Hänsel und Gretel
verliefen sich im Wald. Es war so finster und auch so bitterkalt.« Ein Pfadfinderlied handelt von einer »Räuberbande« im
Teutoburger Wald. In der letzten Strophe wird dann »Blut gerühret und aufs Brot geschmieret; und den Rest, den stell'n
wir kalt im finstern Wald.«

Um die Zeitenwende wurden die Legionäre des römischen
Feldherrn Varus von Arminius und seinen Kriegern im Teutoburger Wald bitter geschlagen. Zwar waren sie moderner ausstaffiert als die traditionell bewaffneten Germanen, aber in
den Wäldern, durch die sie sich kämpften, kannten die Einheimischen sich halt besser aus. In vielen deutschen Märchen, zumal jenen, die von den Brüdern Grimm gesammelt wurden,
ist ein *genius loci* im Wald zu Hause. Ohne Wald kein Hexenhaus; ohne Wald kein sprechendes Reh; ohne Wald kein böser
Wolf.

Ein Drittel der Bundesrepublik Deutschland ist immer
noch bewaldet, ein Viertel davon liegt in Bayern. Aber im

Wortsinn finster ist der deutsche Wald meistenteils nie gewesen. Nadelbäume lassen immer Licht durchscheinen. Einzig Buchen entwickeln Kronen so mächtig, dass tatsächlich kein Sonnenstrahl sie durchdringt. Vorausgesetzt, sie sind gesund. Das sind beängstigend viele aber nicht mehr.

In den Achtzigerjahren machte der saure Regen den Deutschen Angst: die Durchsäuerung des Bodens während toxischen Niederschlags. Die Franzosen, damals noch ziemlich sportlich im Umgang mit ihrer Natur – weil sie mehr davon haben, da ihr Land vergleichsweise dünner besiedelt ist –, fanden das derart possierlich, dass sie allem Sprachpurismus zum Trotz das Wort »le Waldsterben« in ihr Vokabular aufnahmen. Mittlerweile denkt man in Frankreich anders. Und mittlerweile ist es so, dass der saure Regen ein Tropfen war im Vergleich zu der Sintflut von Sorgen, die über die deutsche Forstwirtschaft hereingebrochen ist. Genauer gesagt, ist es keine Sintflut, sondern eher deren Ausbleiben. Der Klimawandel macht sich bemerkbar genau dort, wo an sich Ausdauer waltet: bei den Bäumen, deren Wurzeln tief ins Erdreich langen, bei Bäumen, die während jahrzehntelangen Wachstums »gelernt« haben, sich ihr Wasser zu holen. Etliche regenarme Jahre hintereinander indes hält auch ein gestandener Baum nicht aus.

Wassermangel führt dazu, dass ein Baum nicht mehr die Kraft hat, sich gegen Borkenkäfer zu verteidigen. Ein Borkenkäfer, so sagen Experten, habe die Gabe, binnen eines halben Jahres bis zu 100 000 Nachkömmlinge zu produzieren. Hinzu kommen die Stürme der vergangenen Jahre. Die betrafen im Besonderen Fichten- und Kiefernwälder. Da fiel mehr Holz um, als sich Käufer dafür finden. Zusammen mit den Bäumen ist der Preis für Holz am Boden. Viele haben nicht das Geld, kranke Bäume aus ihren Forsten zu holen. Fast die Hälfte der deutschen Wälder sind in privater Hand. Nicht alle Güter sind finanziell so solide eingewurzelt wie etwa die »Fürstlichen Waldungen« der Familie Thurn und Taxis.

Max Rönninger zum Beispiel, studierter Jurist, bewirtschaftet etliche Hektar Wald in Sachsen-Anhalt; forstwirtschaftlich gesehen bloß wenige, aber er macht es aus Freude an der Arbeit, und die erfordert den ganzen Mann. Einiges fällt ihm ein, was zu tun wäre. Es beginnt im Kleinen. Schon vor Jahrzehnten hat der seinerzeit berühmte Natur- und Tierfreund Horst Stern in seiner Fernsehsendung *Sterns Stunde* gewarnt, es gebe zu viel Damwild und Rotwild im deutschen Wald. Rönninger sieht es genauso. Bei einem Waldspaziergang hat er den Verbiss an wachsen wollenden Bäumchen gezeigt. Sie kommen nicht hoch, weil das Wild die frischen Blätter abknabbert. Allzu viele sind auch der Wildschweine, die ihre Borsten an Baumstämmen sauber rubbeln, bis von der Borke kaum mehr etwas übrig ist. Rönninger sagt, gar allzu schlimm sei es in seinem Wald noch nicht, denn es gebe ja »den Wolf«. So sagt er es, im Singular. Wölfe sind in Sachsen-Anhalt gelitten. Über die Finanzierung von »Wolfsbeauftragten« wird im Landtag immer wieder gestritten. (Schafzüchter sind naturgemäß dagegen.) Der Wolf also reißt mitunter ein Tier, das außerhalb der Jagdsaison nicht getötet werden darf: Das hilft dem Wald.

Eine andere Maßnahme ist die Aufforstung mit Bäumen, die es mit trockenen Jahren aufnehmen können: Douglasien, Eichen, Birken und andere. Wobei allerdings aus Bayern zu hören ist, dass Douglasien es dort auch schon schwer haben. Einen Apfelbaum pflanzen oder einen ganzen Wald anlegen: Das ist dasselbe. Wer das tut, weiß, dass er selbst die pralle Ernte möglicherweise nicht mehr eintragen wird. Dass der Anbau von Monokulturen – Fichten waren beliebt – ein Fehler ist, hätte man vor vielen Jahrzehnten schon ahnen und deutlich mehr Mischwälder anpflanzen können. Ja, hätte man? Früher setzte man auf Industrialisierung, Betonisierung, Rationalisierung. Warum hätten Forstleute schlauer sein sollen als alle anderen?

Heutige Politiker sind im Bilde über den Klimawandel und die Bedeutung des Ökohaushalts. Sie sollten weiter denken als bis zur nächsten Haushaltsdebatte, bei der sie Lobbys zufriedenstellen wollen. Die eingeplanten 800 Millionen Euro staatlicher Hilfe, verteilt auf vier Jahre, sind nicht genug. Die deutschen Wälder sind nicht bloß dem Menschen zur Freude da. Sie binden Unmengen von Kohlendioxid; sie sind nötig für das natürliche Gleichgewicht allen Lebens. Sie sind wichtiger als die Lufthansa, wichtiger als der Reiseveranstalter Tui und andere Konzerne, die mit Milliarden Euro unterstützt werden. Bäume reden nicht. Gleichwohl brauchen sie Hilfe.

31. Juli 2020

Gute Vorsätze

Immer wieder dasselbe: morgens aufstehen, abends ins Bett. Dazwischen Stau oder liegen gebliebene S-Bahnen und das Büro. Hier ist ein Vorschlag, wie dem abzuhelfen ist. Legal bekommt man das nicht hin. Egal. Jetzt geht es um die Zukunft, Ihre Zukunft!

Geehrte Leserinnen und Leser! Das neue Jahr naht, die Zeit der guten Vorsätze ist angebrochen. Anstatt sich zu überlegen, ob Sie das Rauchen aufgeben oder lieber ein paar Kilo abnehmen (beides ist bekanntlich miteinander nicht vereinbar), könnten Sie sich auch vornehmen, endlich so viel Geld an Land zu ziehen, dass die Privatinsel in tropischen Gefilden für Sie in Reichweite kommt. Die Rede ist selbstverständlich nicht von legalen Geschäften. Hier sind ein paar Tipps für die normalbürgerlichen Leser der *SZ*.

Erstens: Von Ladendiebstahl ist abzuraten. Umsichtig ausgeführt, ist das zwar juristisch ziemlich risikolos. Aber am Ende sitzen Sie bloß auf Haufen von Nagellack oder Rasierklingen – und nicht auf Ihrer Insel. Think big: Das ist die Devise.

Zweitens – das kommt Ihnen jetzt zupass: Betrug geht meistens besser von der Hand, wenn er nicht von Einwohnern einer Bananenrepublik organisiert wird. Dort traut eh keiner keinem, weshalb man bei finanziellen Transaktionen viel Wert auf Qualitätskontrolle legt. Glücklicherweise leben Sie in Europa, dessen wirtschaftliche Stärke auch darauf basiert, dass im Schutz der Rechtsstaatlichkeit Verträge unglaublich komplex sein können. Obzwar kaum jemand ganz durchblickt, bringen alle einander irgendwie Vertrauen entgegen, weil sie im Fall der Fälle auf ordentliche Gerichtsverfahren setzen. Das ist Ihre Chance. Nutzen Sie sie!

Der gigantische Libor-Skandal, bei dem Banken falsche Zahlen angaben, zu welchen Preisen sie sich auf den Finanzmärkten Geld leihen, wäre ohne Vertrauen nicht möglich gewesen. Aber – sorry – das ist nicht Ihre Liga; schließlich sind Sie keine Bank.

Drittens: Sofern Sie ein darbendes Kleinunternehmen oder eine Briefkastenfirma besitzen, könnten Sie Ihr bestes Kleid oder wahlweise Ihren besten Anzug anziehen und ein solides Unternehmen dazu bewegen, Ihnen auf Kredit Waren in hohem Wert zu liefern. Die müssen Sie dann sehr schnell verscheuern – und ab geht es: Leider nicht auf Ihre Insel, die wäre damit noch nicht erschwinglich – aber in ein Land, das Betrüger nicht an Deutschland ausliefert. Das ist eine Option, aber nicht wirklich attraktiv. Denn funktionieren könnte das nur, wenn Sie fiktive Auftragseingänge, Bilanzen, die von Sachverständigen geprüft sind, und mehr noch erbasteln. Dergleichen ist mühsam, und penible Arbeit wollen Sie sich ersparen.

Viertens: Der Versuch, auf den Beruf Börsenmakler umzusatteln, brächte Sie nicht weiter. Die Geschicke von Nick Leeson und Jérôme Kerviel sind da mahnende Beispiele. So einfach ist es nämlich nicht, unbemerkt Millionen zu unterschlagen. Etliche Jahre im Gefängnis wollen Sie sich nicht antun. Nein. Wenn schon, denn Banker. Die führenden Leute von Lehman Brothers haben noch in dem Jahr, da die Bank durch eigenes Verschulden insolvent wurde, Millionen an Boni eingestrichen. Das Problem ist nur: Auf die Schnelle kommt man selbst in einem so gesellschaftsfeindlichen Unternehmen nicht in die

Spitzenregion. Sie hingegen sind der Gesellschaft zugetan: der Ein-Personen-Gesellschaft auf Ihrem Eiland.

Fünftens – egal, was Sie planen (ein Vorschlag kommt gleich): Mit digitalen Zahlungsmitteln wie Bitcoin kann man Geld verschieben, ohne dass klar ist, woher das Geld kommt und wohin es geht. Bitcoin ist wegen der starken Kursschwankungen nicht zu empfehlen, aber es gibt andere Angebote. Sollten Sie mit Computern nicht umgehen können: Ihre Enkelkinder werden Ihnen helfen. Wenn Sie Ihren Geldverkehr per digital erzeugten Pseudowährungen abwickeln, werden Sie grinsen darüber, dass keine 500-Euro-Scheine mehr ausgegeben werden, um illegalen Machenschaften vorzubeugen: Da stehen Sie drüber!

Sechstens: Was tun? (Das hat übrigens auch schon der russische Revolutionär Lenin gefragt.) Lange haben wir gegrübelt. Die beste Empfehlung ist das Schneeballsystem. Diese Idee ergab sich nach zweimaliger Lektüre – es geht immerhin um Ihre Privatinsel mit Palmen – eines hoch empfehlenswerten Buches des Finanzanalysten Dan Davies. Der Titel: *Lying for Money* (»Lügen um des Geldes willen«, 2018). Davies schildert, wie berühmte Betrügereien die Welt zum Drehen oder Durchdrehen gebracht haben.

Das Schneeballsystem ist in der englischsprachigen Welt auch bekannt als »Ponzi scheme«. Charles Ponzi war ein Meister dieser Technik. Dan Davies hält ihn nachgerade für einen Künstler. Anfang des 20. Jahrhunderts war es üblich, dass man im postalischen Verkehr mit dem Ausland International Reply Coupons zugeschickt bekam, die das Porto deckten (kurz: IRC). Schwankende Wechselkurse erlaubten dem in den USA ansässigen Ponzi, so einen Coupon für mehr Geld einzuwechseln, als er ursprünglich wert war. Damit war die Geschäftsidee geboren: Ponzi ging auf Tour, ließ sich Mengen

Geld von Anlegern geben und versprach enormen Gewinn. Der Casus knacksus seines Systems war: Er hat nie IRCs in großer Menge beschafft; Ausschüttungen erfolgten aus den Anlagen neuer Kunden, die er mit gewinnender Art zu überzeugen verstand.

So ein Schneeballsystem kann sehr lukrativ sein, lohnt sich für die Urheber aber nur, wenn sie rechtzeitig sehen, wann es Zeit ist, sich mit dem Profit außer Landes zu begeben. Alles, was Sie brauchen: eine Idee und Überzeugungskraft. In der Internet-Ära ist das viel einfacher als zu Ponzis Zeiten: Viele Menschen beziehen ihre Information vor allem aus den »sozialen« Medien, deren Geschäftsprinzip darauf beruht, im Namen der Meinungsfreiheit jede noch so dumme Idee zu verbreiten. Das werden Sie zu nutzen wissen. Klugerweise werden Sie schon ein Eiland im Blick haben, das einem Staat angehört, der nicht ausliefert.

Siebtens: Sollten Sie das versuchen, haben Sie in einiger Zeit Ihre Insel. Wenn es nicht klappt und man Sie ertappt, werden Sie immerhin und hoffentlich wenigstens noch einmal ein schönes Silvesterfest gehabt haben.

28. Dezember 2018

Lesenswerte zitierte Literatur

Heather Boushey et al. (Hg.): *After Piketty. The Agenda for Economics and Inequality.* Cambridge (Mass.), London 2017.

Markus Brunnermeier et al.: *Euro. Der Kampf der Wirtschaftskulturen.* München 2018.

Christoph Butterwegge: *Die zerrissene Republik.* Weinheim 2020.

Anne Case, Angus Deaton: *Deaths of Despair.* Princeton 2020.

Colin Crouch: *Ist der Neoliberalismus noch zu retten?* Berlin 2018.

Ute Daniel: *Postheroische Demokratiegeschichte.* Hamburg 2020.

Dan Davis: *Lying for Money: How Legendary Frauds Reveal the Workings of Our World.* New York 2018.

Flavia Di Mario, Andrea Micocci: »Smith's Invisible Hand«, in: *Journal of Philosophical Eonomics.* Vol. 11, Nr. 1, 2017.

Eva Douma: *Sicheres Grundeinkommen für alle.* Berlin 2018.

David Enrich: *Dark Towers: Deutsche Bank, Donald Trump, and an Epic Trail of Destruction.* New York 2020.

Peter Frankopan: *Die neuen Seidenstraßen. Gegenwart und Zukunft unserer Welt.* Hamburg 2019.

William N. Goetzmann: *Money Changes Everything: How Finance Made Civilization Possible.* Princeton 2017.

Rebecca Henderson: *Reimagining Capitalism: How Business Can Save the World.* London 2020.

Ulrike Herrmann: *Kein Kapitalismus ist auch keine Lösung. Die Krise der heutigen Ökonomie oder Was wir von Smith, Marx und Keynes lernen können.* München 2016.

Lee Jones, Jinghan Zen: »Understanding China's ›Belt and Road Initiative‹: beyond ›grand strategy‹ to a state transformation analysis«. *Third World Quarterly*, online.

Jens Kersten, Claudia Neu, Berthold Vogel: *Politik des Zusammenhalts. Über Demokratie und Bürokratie*. Hamburg 2019.

Jürgen Kocka: »Durch die Brille der Kritik. Wie man Kapitalismusgeschichte auch schreiben kann«, in: *Journal of Modern European History*, Vol. 15., Nr. 4, 2017.

Ders.: *Geschichte des Kapitalismus*. München ³2013.

Nicholas R. Lardy: *The State Strikes Back: The End of Economic Reform in China?* New York 2019.

Felix Martin: *Money: The Unauthorized Biography*. New York 2014.

Peter von Matt: *Das Kalb vor der Gotthardpost. Zur Literatur und Politik in der Schweiz*. München 2012.

Darren McGarvey: *Poverty Safari: Understanding the Anger of Britain's Underclass*. Edinburgh 2017.

»Mehr Demokratie«: *bericht. bürgerbegehren in bayern*. https://www.mehr-demokratie.de/fileadmin/pdf/bb-bericht_bayern2015.pdf (zuletzt aufgerufen im November 2020).

Thomas Piketty: *Das Kapital im 21. Jahrhundert*. München 2014.

Fintan O'Toole: *Heroic Failure: Brexit and the Politics of Pain*. London 2018.

Kate Raworth: *Doughnut Economics: Sevens Ways to Think Like a 21st-Century Economist*. London 2017.

Stephan Schulmeister: *Der Weg zur Prosperität*. Salzburg, München 2018.

Tom Shipman: *All Out War: The Full Story of How Brexit Sank Britain's Political Class*. London 2016.

Personenregister